출발! 수학 대모험

🟧 일러두기 🟧

- 이 책은 명진출판에서 발행한 『출발! 수학 대탐험』을 새롭게 펴낸 책입니다.
- 이 책은 '꿈수영(꿈꾸는 수학영재)' 시리즈의 두 번째 책입니다. 꿈수영 시리즈는 초등수학을 공부하는 데 유익한 수학동화 시리즈입니다. 대치동에서 수학동화 읽기와 탐구노트 쓰기로 입소문 난 매쓰몽의 교육 노하우로 만든 책들로 구성했습니다.
- 수학동화를 이용한 수학수업과 수학탐구노트 쓰기와 관련된 더 많은 자료는 네이버 매쓰몽 카페(http://cafe.naver.com/brenos)와 블로그(http://blog.naver.com/tndhkqnr86)를 참고하시기 바랍니다.

초판 1쇄 찍은날·2022년 7월 5일
초판 1쇄 펴낸날·2022년 7월 15일
펴낸이·박정희 | 펴낸곳·수와북 | 출판등록·제2013-000156호
주소·서울특별시 강남구 선릉로 120, 3층
전화·02-6731-1743 | 팩스·031-911-7931
이메일·pjh0812@naver.com

ISBN 979-11-85807-64-5 (73410)

- 책값은 표지 뒤쪽에 있습니다.
- 파본은 구입하신 서점에서 교환해 드립니다.

머리말

'꿈수영' 시리즈 두 번째 책을 펴내며

'어떻게 하면 수학을 재미있게 공부할 수 있을까?'

많은 친구들이 수학은 재미없고 어렵지만 중요한 과목이라서 억지로 공부한다고 말합니다. 숫자만 가득한 식을 계산하라고 하면 수학이 싫어지죠? 하지만 수학은 재미없고 어려운 과목이 아니랍니다.

오랫동안 초등학생 친구들에게 수학을 가르치면서, 어떻게 하면 수학을 재미있게 공부할 수 있을지 고민했답니다. 그러다 수학동화를 읽으면 어렵게 느껴지는 수학이 재미있어지고, 탐구노트를 쓰면 수학적 사고력과 창의력을 기를 수 있음을 알게 되었죠.

그래서 2010년 대치동에서 브레노스(지금은 매쓰몽)라는 학원을 개원하고 초등학생 친구들과 함께 수학동화를 읽고 토론하며, 그 주제를 확장시켜 탐구노트를 쓰면서 수학을 재미있게 공부했답니다. 실제로 이렇게 수학동화를 읽고 탐구노트를 쓰며 수학적 사고력과 창의력을 키운 덕분에 전국경시대회에서 대상을 받는 친구들도 있고, 대학부설 및 교육청 영재교육원에도 많은 친구들이 합격했어요. 특히 사고력 문제와 서술형 시험에서 뛰어난 성과를 거두었죠.

한 달에 두 권 정도의 수학동화를 읽고 탐구노트를 쓰는 것만으로도 수학 공부를 충분히 할 수 있다는 것을 경험한 우리는, '꿈수영(꿈꾸는 수학영재)' 시리즈를 기획하게 되었습니다. 꿈수영 시리즈는 초등수학 교과과정을 재미있게 공부할 수 있도록 만든 수학동화 시리즈입니다. 초등수학의 교과과정은 '수와 연산', '도형', '측정', '규칙성', '자료와 가능성'으로 영역이 나뉩니다. 그런데 수학을 진짜 잘하기 위해서는 이 영역 외에도 읽어야 할 책들이 있답니다. 바로 '사고력'과 관련된 책들입니다.

'꿈수영(꿈꾸는 수학영재)' 시리즈의 두 번째 책인『출발! 수학 대모험』은, 수학을 싫어하는 주인공 훈이가 우연히 타임머신을 통해 시간여행을 떠나는 재미있는 이야기를 읽으면서 여러 가지 논리 수학 문제를 풀도록 한 책입니다. 시간여행을 하면서 가우스에게 순열의 원리를, 탈레스에게 길이와 높이 측정하기를, 파스칼에게 대칭의 원리와 좌표 등을 배우도록 했습니다.

더불어 수학 문제를 논리적으로 이해하고 차근차근 답을 내는 과정까지 배울 수 있어요. 이 책은 수학을 어려워하는 친구에게는 수학의 필요성을 느끼게 해 주고, 수학을 좋아하고 잘하는 친구에게는 수학의 폭과 깊이를 넓혀 줄 것입니다.

재미있는 이야기를 읽다 보면 자연스레 수학적 논리와 사고를 기를 수 있는 이 책이, 여러분에게 좋은 친구가 되어 주기를 바랍니다.

지은이의 말

여러분의 철학적 사고력이 향상되기를 바라며

마술보다 신기하고 재미있는 『출발! 수학 대탐험』이 나온 지도 15년이 되었네요. 그동안 이 책을 읽으며 수리철학논술을 공부한 많은 제자들이 대학에 갔습니다. 물론 국내외 명문대학에 입학한 제자들이 많습니다.

철학학원이 잘 운영되지 않아 경제적으로 큰 어려움이 있을 때에는 학원 간판을 KP어린이철학논술학원에서 KP논술학원으로 바꿔 보려고도 했습니다. 하지만 그럴 수는 없었습니다. 어린이 철학교육이념이나 철학교육방법론을 버린다는 것은 철학학원의 정체성을 버리는 것이기 때문이었습니다.

오랫동안 어린이 여러분에게 사랑받던 『출발! 수학 대탐험』이 절판되어 아쉬움이 컸는데, 수와북 출판사에서 '출발! 수학 대모험'이라는 제목으로 새롭게 출간되었습니다. 이 책 역시 철학교육방법론으로 아이들에게 접근하고 있습니다. 그렇다면 이 책을 읽고 어린이 여러분은 무엇을 얻을 수 있을까요?

첫째, 논리적인 사고를 할 수 있게 도와줍니다. 논리적 사고력은 수학뿐만 아니라 모든 과목을 공부할 때 꼭 필요한 지식입니다. 어린이들이 논리적인 지식을 얻게 되면 어른이 되어서도 논리적 사고를 하면서 살아갈 수 있습니다. 이 책을 통해 생각을 진지하게 하고, 발표 및 토론 등을 하면서 다른 사람들의 생각을 주의 깊게 들으며 자신의 생각을 조율하게 됩니다. 친구들보다 한 단계 업그레이드된 생각(Meta Thinking Approach)을 갖게 된다는 이야기입니다.

둘째, 철학적인 탐구를 통해 통합적 사고를 하게 됩니다. 철학적 탐구를 통해 비판적인 사고, 창의적 사고, 배려적 사고, 상상적 사고, 반성적 사고를 갖추게 됩니다. 어린이 여러분이 이러한 사고를 갖게 된다면, 미래 한국 사회는 더 아름다운 세상이 될 것으로 확신합니다. 여러분이 주인공이 되는 지식정보화 사회는 정보의 홍수에 노출되어 있을 것입니다. 자신이 원하는 것은 대부분 컴퓨터 검색 등을 통해 알 수 있을 것입니다. 이로 인해 내가 무엇을 알 수 있는가가 중요한 것이 아니라, 내가 아는 정보를 어떻게 논리적으로 통합(조합)할 것인가, 어떤 대안을 마련할 것인가가 중요해질 것입니다. 이 책은 통합적 사고를 할 수 있도록 도움을 줄 것입니다.

　셋째, 수학적 원리와 방법이 나의 삶, 인간의 삶과 어떤 관련이 있는지 끊임없이 탐구할 수 있습니다. 이 책의 맨 뒤에 실린 부록에는 학생들이 작성한 탐구노트와 선생님의 첨삭지도가 실려 있습니다. 이를 통해 현재 내가 배우고 있는 수학적인 원리와 방법이 우리의 삶 속에서 어떻게 응용되는지를 생각할 수 있습니다. 단순히 수학 문제를 반복적으로 푸는 것이 아니라 현재 내가 배우고 있는 수학적인 원리와 방법의 쓸모를 일상생활에서 흥미롭게 찾는 법을 배우게 됩니다.

　어린이들이 철학적으로 사고할 수 있도록 좋은 책을 출판한 수와북 박정희 대표님께 감사드립니다.

이진희

등장인물

*훈이
이 책의 주인공. 독서보다 게임을 좋아하고, '수학'의 '수' 자만 들어도 수틀리는 초등학교 5학년. 하지만 궁금한 것은 못 참는 호기심이 강한 아이.

*지우
훈이와 같은 반에서 공부하는 아이. 독서도 좋아하고 수학도 잘해서 '엄친딸'로 통한다. 훈이와 함께 수학자들이 사는 수학나라를 여행하게 된다.

*궁금이
아이들의 호기심을 먹고 자라는 생명체. 물음표처럼 생겼다. 훈이가 호기심을 느낄 때마다 조금씩 부피가 커진다.

*타임고
시간여행을 꿈꾸는 아이들 앞에 나타나는 인공지능 타임머신. 몸통은 시계, 머리는 휴대폰 액정화면 같아 보이고, 팔다리는 스프링처럼 늘어났다 줄어든다. 물리학자 아인슈타인과 발명왕 파스칼이 공동으로 개발했다.

✱ 가우스
수학나라의 대통령. 말을 배우기 전에 계산부터 했던 수학영재. 영재지만 교만하지 않고 수많은 업적을 남기기 위해 끊임없이 노력해 십칠각형 작도법, 정수론, 초기하급수론, 곡면론, 복소함수론 등을 연구했다.

✱ 탈레스
수학나라의 경제부통령. 피라미드의 높이를 측정하였으며, 밀레투스학파의 창시자이다. 한 번 생각에 빠지면 시간 가는 줄 모른다.

✱ 데카르트
수학나라의 교육부통령. 해석 기하학의 창시자이다. 아는 것도 의심할 정도로 생각이 많아서 '나는 생각한다. 그러므로 존재한다'라는 유명한 명언을 남겼다. '하루라도 명언을 남기지 않으면 입 안에 가시가 돋는다'고 말하는 명언제조기.

✱ 파스칼
수학나라의 국회의장. 12세 때부터 유클리드 기하학에 몰두하여 『원추곡선론』이라는 책을 썼다. 아버지가 하는 세무의 능률을 높이기 위해 계산기를 발명하기도 했다. 확률론, 수론, 기하학 등 수학사에 공헌한 바가 크고, 책 쓰기에 몰입하는 작가이기도 하다.

차례

머리말 ☆ '꿈수영' 시리즈 두 번째 책을 펴내며 • 04

지은이의 말 ☆ 여러분의 철학적 사고력이
향상되기를 바라며 • 07

등장인물 ☆ 10

1장 수학이 사라진다면 세상이 좋아질까?

1. 숫자가 사라진다면 어떤 일이 벌어질까? • 15
2. 숫자가 없는 세상은 살기 좋을까? • 25
3. 나눗셈을 이용하면 공정하게 나눌 수 있다고? • 36

2장 체계적인 방법은 쓸모가 있을까?

1. 1부터 100까지 합을 구하라 • 43
2. 자물쇠 번호판에서 찾은 순열의 법칙 • 56
3. 성냥개비 여섯 개로 정삼각형 네 개를 만들라고? • 62

3장 길이의 단위를 내 마음대로 정하면 안 될까?

1. 미터(m)의 단위는 언제 만들었을까? • 73
2. 단위가 통일되지 않으면 어떤 일이 벌어질까? • 78
3. 지팡이 하나로 피라미드의 높이를 재라 • 89

4장 생활 속에서 대칭은 왜 필요할까?

1. 모든 건물은 대칭 구조일까? • 97
2. 대칭으로 미로의 출구를 찾아라 • 109
3. 인간은 생각하는 갈대 • 122

5장 표와 그래프는 생활 속에서 왜 필요할까?

1. 천장의 격자무늬에서 발견한 좌표 • 127
2. 수학에 대한 생각이 바뀌다 • 140

부록 탐구노트 쓰기 • 146

1장

수학이 사라진다면 세상이 좋아질까?

숫자가 사라진다면 어떤 일이 벌어질까?

"자, 다음 주 수업 시간까지 수학자들에 대한 책을 읽고 발표할 내용을 준비해 오세요."

훈이의 얼굴에 먹구름이 가득 낀 것은 학교에서 수학자에 대한 책을 읽고 발표하라는 숙제를 내주었기 때문이었다.

'수학의 수 자만 들어도 수틀리는데, 수학의 역사에 남은 수학자들을 발표하라고 하시다니!'

하교하자마자 좋아하는 휴대폰 게임을 하려고 했는데, 숙제를 생각하니 벌써부터 머리가 아팠다. 선생님이 교실을 나가시자마자 훈이는 책상에 머리를 쥐어박았다. 그 모습을 본 훈이의 옆자리에 앉은 지우가 말했다.

"넌 수학이 그렇게도 싫으니?"

"수학도 싫은데, 수학자를 소개한 책까지 읽어 오라고 하시잖아! 너처럼 독서도 좋아하고 수학도 잘해서 '엄친딸'로 통하는 아이는 내 고충을 도무지 이해하지 못할 거야! 차라리 숫자가 사라져 버리면 좋겠어!"

지우가 고개를 절레절레 흔들며 말했다.

"년 숫자가 사라지면 얼마나 불편할지 생각해 봤니?"

그러자 훈이가 눈초리를 치켜세웠다.

"년 숫자가 사라지면 얼마나 좋을지 생각해 봤니? 숫자가 사라지면 숫자들로 가득한 시계도 필요 없을 테고, 시계가 사라지면 수업 시간을 알리는 종도 울리지 않을 테니, 게임도 실컷 할 수 있잖아!"

"숫자가 사라지면 정말 좋기만 할까? 네가 가장 좋아하는 날은 무슨 날이니?"

"당연히 생일날이지! 생일날에 게임 머니를 충전할 수 있는 기프티콘을 선물받기로 했거든. 내 생일이 5월 25일이라는 걸 잊지 않았겠지? 너도 기프티콘 선물해 줘라!"

"숫자가 사라진다면 네 생일도 사라지지 않을까? 네 생일도 숫자잖아!"

"그건 그렇네……."

잠시 후, 훈이가 머리를 긁적이다가 좋은 생각이 났는지 얼굴에 웃음을 짓고 말했다.

"그래도 숫자가 사라지면 더 좋을 거야. 나는 용돈을 한 달에 3만 원 받는데, 이걸로는 기프티콘도 맘대로 못 사! 숫자가 사라지면 용돈 금액에 제한이 없으니까 맘대로 써도 될 거야. 어디 그것뿐이겠니? 숫자가 없으면 시계도 사라질 테니 내가 가장 싫어하는 수학 시간도 사라질 거야!"

"숫자가 사라지면 네가 좋아하는 기프티콘도 사라지는데? 기프티콘도 만 원권, 3만 원권 등 숫자로 되어 있잖아! 그래도 좋아?"

이렇게 시작된 두 아이의 논쟁은 쉬는 시간이 끝날 때까지 계속되었다. 논쟁이 계속될수록 뭐라고 대꾸할 말이 떠오르지 않자 훈이는 생각에 잠겼다.

'숫자가 없는 세상에서 살 수는 없을까? 수학이 없는 원시시대로 갈 수는 없을까?'

그런데 이 모습을 지켜보던 사람들이 있었다. 바로 수학나라 사람들이었다. 수학나라의 경제부통령 탈레스가 말

철학, 지혜를 사랑하는 학문

철학은 영어로 '필로소피(philosophy)'라고 합니다. '필로소피'는 그리스어인 '필로소피아'에서 유래했어요. 좋아한다는 뜻의 '필로'와 '지혜'라는 뜻의 '소피아'라는 말이 합쳐진 말이죠. 외국인 이름 중에 '소피아'라는 이름을 가진 사람이 많죠? 한국어로 하면 '지혜'가 되겠네요. 즉, 철학이란 '지혜를 사랑하다'는 의미를 지니고 있습니다. 한자로도 철학(哲學)의 '철(哲)' 자는 지혜를 뜻하는데, 지혜를 사랑하는 학문이 바로 철학입니다.

했다.

"저런 한심한 아이가 있나! 수학이 얼마나 재미있는 줄 모르는군! 나는 도형의 닮음의 성질을 이용해 피라미드의 높이를 측정하느라 시간 가는 줄 몰랐는데……."

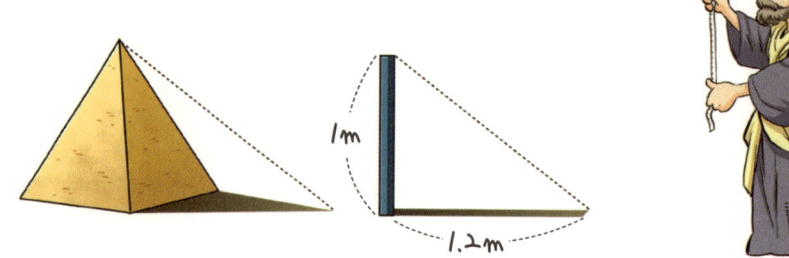

1m 막대의 그림자의 길이가 1.2m이고 피라미드 그림자 길이가 175m이면, 막대 그림자와 피라미드 그림자의 길이는 얼마나 차이 날까? '175÷1.2=146'이니까 146배 차이가 나네! 막대의 길이 1m도 피라미드의 높이와 146배 차이 나니까, 피라미드의 높이는 145m!

그러자 수학나라의 교육부통령 데카르트가 말했다.

"그래도 훈이는 호기심이 많은 아이 같네. 숫자가 사라진 세상을 생각하다니 흥미로운걸! 나는 '나는 생각한다. 그러므로 존재한다'는 명언을 만들었는데, 저 아이를 보니 새로운 말이 떠오르는군. '나는 호기심이 많다. 고로 나는 존재한다'는 명언이!"

이때 수학나라의 국회의장 파스칼이 어깨를 으쓱하며 말했다.

"명언이라면 내가 한 수 위지! '클레오파트라의 코가 조금만 낮았어도 세계의 지도가 달라졌다'와 '인간은 생각하는 갈대'라는 명언은 모두 내가 남긴 말들이지!"

"뭐라고? 자타공인 수학나라 명언제조기는 바로 나 데카르트라고! '하루라도 수식을 말하지 않으면 입 안에 가시가 돋는다'는 명언도 내가 만들었다고!"

"그건 어디서 많이 듣던 말인데, 정말 자네가 만든 명언이 맞아?"

두 사람이 티격태격 다투자 수학나라의 대통령 가우스가 나섰다.

"그래도 저 아이가 좋아하는 게 있으니 다행이야. 우리가 수학을 좋아하듯이 훈이는 게임을 좋아하잖아. 훈이가 수학을 게

임처럼 좋아하게 만들면 어떨까?"

이 말을 듣고 데카르트가 말했다.

"수학나라의 교육을 책임지는 교육부통령으로서 말하겠네. 훈이는 호기심이 많은 아이니까 수학에 대한 호기심만 심어 주면 분명 달라질 거야! 호기심이 생기면 수학을 좋아하게 될 테고, 수학에 대한 지혜를 키울 수 있을 거야!"

훈이를 수학을 좋아하는 아이로 만들 수 있다, 없다를 놓고 논쟁이 벌어졌고, 가우스가 파스칼을 바라보며 말했다.

"이번에 자네가 과학나라 교육부총리 아인슈타인과 함께 인공지능 타임머신 '타임고'를 발명했다며?"

"그렇지. '천재들의 위대한 발명품'이라고 신문에 대서특필되었지!"

"바로 그걸로 그 아이를 변화시키면 어떨까? 타임고로 시간여행을 시켜 보자고!"

수학나라의 대통령 가우스가 말했다.

"여러분, 우리가 저 아이를 변화시켜 봅시다!"

훈이는 지우와 함께 서점에 왔다. 지우는 서점의 책들을 보며 마냥 즐거워했다.

"아, 기분 좋다! 난 책 향기만 맡아도 신나는 것 같아!"

"아이고, 머리야. 난 책만 보면 골치가 아프다. 게다가 수학자에 관한 책을 봐야 하다니! 차라리 수학이 없는 원시시대로 가면 좋겠다!"

> **철학, 세상 모든 것에 관해 생각하다**
> 철학자들은 예전에는 자연에 관해 생각했어요. 그러다가 소크라테스 이후로 사람에 관심을 갖기 시작했답니다. 그리고 중세에는 신에 관해 생각했어요. 근대에는 다시 인간에 관해 생각했고, 그 후에는 과학과 역사에 관해 고민했답니다. 이렇듯 무엇이든 사람의 머릿속에 떠오르는 의문에 관해 생각하는 것이 바로 철학입니다.

"원시시대 사람들도 수학이 없으면 문제가 생길 거야. 만약에 두 사람이 사냥감을 함께 잡아서 그것을 반으로 나눠 가진다고 치자. 이때의 반도 수학적 개념이야. 수학이 없으면 사냥감을 반으로 나눠 가질 수 없어!"

훈이가 혀를 끌끌 차며 말했다.

"수학에 대한 네 관심도 반으로 줄였으면 좋겠다!"

"그러지 말고 이 책이나 읽어! 위대한 수학자 가우스에 대한 책이라고!"

지우가 책을 건네자 훈이가 뿌리치면서 말했다.

"수학이 없는 세상으로 가고 싶어!"

수리철학이 뭐지?

수리철학이란 수학과 철학이 합쳐진 말입니다. 수학적인 원리나 방법을 가지고 대화와 토론을 하면서 수학에 대해 고민하는 학문이죠. 탈레스, 소크라테스, 플라톤, 파스칼, 데카르트, 뉴턴은 모두 수학자인 동시에 철학자였습니다. 플라톤이 세운 학교의 문 앞에는 "기하를 모르는 사람은 여기에 들어오지 마시오"라고 씌어 있기까지 했답니다. 수학을 잘하려면 생각하는 힘, 철학을 잘해야 한답니다.

책이 바닥에 떨어지자 두 아이의 눈에 이상한 구멍이 들어왔다. 회오리가 휘도는 구멍이 점점 커지더니 이상한 기계가 나타났다.

'아니, 저게 뭐지?'

호기심이 강한 훈이는 기

계를 유심히 바라보았다. 몸통은 시계, 머리는 휴대폰 액정화면 같아 보였다. 팔다리는 스프링처럼 늘어났다 줄어들었다. 이상한 기계가 입을 열었다.

"나는 인공지능 타임머신 타임고다! 천재 물리학자 아인슈타인과 세계 최초로 덧셈과 뺄셈을 하는 기계식 계산기를 발명한 파스칼이 공동으로 만든 게 바로 나지!"

훈이가 고개를 갸우뚱하며 말했다.

"인공지능 타임머신 타임고? 알파고랑 이름이 비슷하네!"

타임고가 말했다.

"잔말 말고 나와 함께 시간여행을 떠나 보자고!"

그러자 지우가 손사래 치며 말했다.

"안 돼! 우리는 숙제를 해야 한다고!"

타임고의 머리에 '2022년 5월 1일'이 표시되었다가 'BC 10000년 5월 1일'로 바뀌었다.

타임고가 나타날 때 생겨난 이상한 구멍이 다시 휘돌기 시작했다.

"자, 원시시대로 가 보자!"

타임고는 두 아이의 손을 붙잡고 구멍 속으로 뛰어들었다.

아인슈타인, 사랑을 수학으로 말하다

사랑을 수학으로 표현할 수 있을까요? 아인슈타인의 수업을 듣고 있던 한 학생이, "사랑도 방정식으로 표현할 수 있나요?"라고 물었습니다.

그러자 아인슈타인은 칠판에 '2□+2△+2.+2∨+8＜=사랑'이라고 썼습니다. 어리둥절해하는 학생들 앞에서 아인슈타인은 그림을 그리기 시작했습니다.

그리고 아인슈타인은 이렇게 말했어요.

"떠나가면 안 될 길을, 마지못해 떠나가며 못내 뒤돌아보는 그 마음! 갈 수 없는 길인데도 따라갈 수밖에 없는 간절한 마음! 그 마음이 바로 사랑이다."

숫자가 없는 세상은 살기 좋을까?

"아니, 이게 뭐야!"

"왜 우리가 과일 더미 속에 있지?"

두 아이가 정신을 차리고 보니, 무화과와 체리 등의 과일 더미 속에 온몸이 파묻혀 있었다. 두 아이는 과일더미 속에서 빠져나오려고 안간힘을 썼다. 그러자 원숭이처럼 온몸에 털이 덥수룩한 한 아이가 자신들을 쳐다보고 있었다.

"아빠, 저 아이가 우리가 채집한 과일을 훔치려나 봐요!"

아이가 놀란 표정으로 아빠를 향해 달려가자 지우가 주위를 둘러보며 말했다.

"저 아이는 팔다리랑 얼굴에 털이 덥수룩한 걸로 봐서 원시인 같아."

훈이가 다른 사람들을 가리키며 말했다.

"그래, 네 말이 옳은 것 같아. 다른 사람들도 털이 덥수룩하잖아."

이윽고 원시인들이 두 아이의 주위를 둥글게 에워쌌다. 원시인들 중에는 좀 전에 마주친 원시인 아이도 있었다.

"아빠, 이 아이들이 바로 제가 말한 아이들이에요!"

"그래, 참 이상하게도 생겼구나. 이 아이들은 우리처럼 털도 안 났네!"

"세상에 이런 일이!"

"저 아이들이 몸에 걸친 건 뭐지? 우리처럼 동물 털옷이 아니라 이상한 걸 걸쳤네?"

두 아이를 불쌍하다는 듯 쳐다보던 원시인 아주머니 한 명이 훈이와 지우에게 털옷을 건네주었다. 좀 낡고 더러운 것 같아 보였지만 호의를 무시할 수는 없어서 지우가 먼저 털옷을 건네받았다.

"감사합니다."

훈이는 잠시 머뭇거리다가 날씨가 제법 추운 것 같아서 털옷을 받았다.

그런데 자신들을 둘러싸고 있는 원시인들의 등 뒤에서 타임고가 혀를 쑥 내밀며 놀리고 있었다. 타임고의 머리에는 'BC 10000년 5월 1일'이 표시되어 있었다.

'정말 우리가 선사시대로 온 걸까?'

훈이가 고개를 갸웃거리고 있을 때, 다시 회오리가 휘도는 구멍이 나타나더니 타임고가 그 속으로 사라져 버렸다.

지우가 걱정 가득한 표정으로 말했다.

> **세계 최대 검색엔진 구글이 숫자에서 유래했다고?**
>
> 세계 최대의 검색엔진 구글(Google)이 숫자에서 유래했다는 사실을 알고 있나요? 구글은 원래 구골(Googol)이라는 수에서 나왔답니다. Googol은 1의 100제곱을 의미합니다. 이 단어는 미국 수학자인 에드워드 캐스너가 만들었는데, 숫자의 이름을 뭐라고 지을지 고민하다가 조카에게 물었더니 조카가 '구골!'이라고 말해서 구글(Google)이 되었어요.

"타임고가 우리를 선사시대로 데리고 왔나 봐. BC 10000년이면 구석기시대겠네."

"쟨 우리만 놔두고 어디로 사라진 거야."

원시인들이 두 아이를 끌고 한 노인 앞에 데려갔다. 노인은 동물의 머리뼈로 만든 모자를 쓰고 있었고, 목에는 조개껍질과 동물의 잔뼈들로 엮어 만든 목걸이가 걸려 있었다. 한 남자가 노인을 바라보며 말했다.

"족장님, 저 아이들이 우리가 채집한 과일들을 훔치려 했어요!"

"아니에요! 타임고가 우리를 여기로 데려온 거라고요!"

"맞아요! 우리는 갑자기 여기로 온 거예요!"

두 아이가 수상하다고 느낀 원시인들이 웅성거렸다. 그러자 족장이 나무 한 그루를 가리키며 말했다.

"저 아이들이 좀 수상하긴 하지만 어린 아이들이니까 그리 위협적이지는 않아 보이는군. 저 아이들은 일단 저 나무에 묶어 놓고, 오늘 채집한 과일이나 나눠 갖자고!"

두 아이는 나무에 몸이 꽁꽁 묶인 채 사람들을 쳐다보았다. 사람들은 과일 하나씩을 가져갈 때마다 작은 돌멩이를 하나씩 꺼내 놓았다. 어느덧 과일이 쌓여 있던 자리에는 돌멩이가 수북이 쌓였다. 사람들은 그렇게 각자 가져온 바구니에 과일을 나눠 담았다.

이 모습을 지켜보던 훈이가 말했다.

"저 사람들은 뭐하는 거지? 그냥 '너 하나, 나 하나, 너 둘, 나 둘' 과일의 개수를 세고 똑같이 나눠 가지면 될 텐데, 왜 저렇게 쓸데없는 짓을 하지?"

그 말을 들은 원시인 여자아이 하나가 말했다.

"너, 우리 족장님을 무시하는 거니? 족장님한테 이른다. 이 방법은 위대하신 우리 족장님이 생각해낸 것이라고! 이 방법을 생각해내기 전까지 서로 공정하게 나눠 갖지 못해서 날마다 싸

움이 끊이지 않았다고!"

"위대하기는! 너희는 숫자를 셀 줄도 모르니?"

"숫자? 그게 뭔데?"

훈이는 속으로 생각했다.

'맙소사! 정말로 내가 숫자 없는 세상으로 와 버렸잖아! 야호, 신난다!'

그런데 다른 사람들보다 한 남자의 바구니에만 과일이 잔뜩 쌓여 있었다. 이 모습을 지켜본 훈이가 말했다.

> **숫자는 언제부터 사용하기 시작했을까?**
> 숫자의 체계를 처음 발전시킨 사람들은 기원전 1795년의 바빌로니아 사람들입니다. 그 이전의 사람들은 숫자 없이 생활했답니다.

"왜 저 아저씨의 바구니에만 과일이 더 많이 있지? 이건 좀 불공정해 보이는데!"

그러자 원시인 여자아이가 말했다.

"왜 불공정하니? 저 아저씨가 오늘 가장 열심히 일했으니까 당연히 과일을 더 가져가는 게 공정한 거지!"

"이게 왜 공정한 거니? 그럼 아프거나 늙어서 오늘 일하지 못한 사람은 과일을 가져가면 안 되겠네! 아프거나 늙으면 굶어야 하니?"

여자아이가 고개를 갸웃거리며 말했다.

"그건 그렇네……. 그렇다고 똑같이 나누는 건 불공정해!"

훈이는 잠시 생각에 빠졌다.

'똑같이 나누는 것과 공정하게 나누는 것은 다른 것이구나. 하지만 한 사람이 부당하게 더 많이 가져간다면 불공정해. 어떻게 해야 공정하게 나눠 가질 수 있을까?'

훈이는 더욱 생각에 빠졌다.

'이 마을 사람들은 겨우 삼십여 명밖에 안 되는데, 이보다 사람들이 더 많아진다면 어떻게 공정하게 분배를 하지?'

어느덧 해가 뉘엿뉘엿 기울자 기온이 내려갔다. 아이들은 털옷을 입고 있었지만 차가운 밤공기를 피할 수는 없었다. 잠시 후, 원시인 남자아이와 아빠가 두 아이에게 다가왔다.

"족장님이 너희를 그만 풀어 주라고 하시는구나. 그리고 당분간 우리 집에서 지내라고 하셨어."

원시인 남자아이가 두 아이의 손목에 묶인 끈을 풀어 주었다. 그러자 지우가 말했다.

"난 지우인데, 넌 이름이 뭐니?"

"난 토리야! 넌 이름이 뭐니?"

"난 훈이!"

토리네 집에 도착했다. 풀과 나무로 만든 막집이었다. 그런데 토리네 아빠가 집에 들어오자마자 방 한구석에 세워 있던 막대기를 쓰러뜨렸다. 자세히 보니, 바닥에 쓰러져 있는 막대기는 다섯 개였고, 똑바로 세워 있는 막대기는 두 개였다. 토리네 아빠가 토리에게 말했다.

"과일 말고 사냥을 나가서 고기도 먹고 싶은데, 마을 사람들이랑 사냥 나가려면 막대기가 아직 이만큼 세워 있으니까 좀 더 기다려야겠구나!"

"네, 아빠! 내일 밤에 막대기를 하나 더 쓰러뜨리고, 그 다음 날에 또 쓰러뜨려야 고기 맛을 볼 수 있겠네요."

그러자 훈이가 곰곰이 생각했다.

'이 마을 사람들은 하루에 하나씩 막대기를 쓰러뜨리나 보군. 쓰러진 막대기가 5개고 세워져 있는 막대기가 2개이니까 일주일에 한 번씩 사냥을 나가나 보네? 옛날 사람들은 숫자가 없었어도 사냥을 할 수 있었고, 전혀 불편하지 않게 살았었네. 역시 숫자는 필요 없다니까!'

"너희는 일주일에 한 번 사냥을 하니?"

"일주일? 그게 뭐야?"

그러자 지우가 훈이에게 귓속말로 말했다.

"숫자를 모르니, 일주일이 뭔지도 모르겠지. 숫자를 모르니 정말 불편하겠다……."

훈이는 지우, 토리와 함께 잠자리에 누웠다. 훈이는 눈을 감았지만 쉽사리 잠이 오지 않았다. 궁금증 때문이었다.

'숫자를 사용하기 전까지 사람들은 숫자 말고도 무언가 다른 것을 만들어서 사용했을 거야. 그렇다면 오늘날 사용하는 아라

비아 숫자는 아라비아 사람들이 만들었을까?'

궁금한 것은 못 참는 훈이는 호기심이 점점 커져만 갔다. 그때였다. 머릿속이 점점 환해지는 기분이 들었다. 그러다가 머리가 점점 부풀어 오르는 듯했다. 이러다 머리가 터지는 것 아닌가 하는 걱정이 들 때쯤이었다. 질끈 감았던 눈을 슬며시 떠 보니, 눈앞에 물음표처럼 생긴 이상한 생명체가 나타났다.

"너, 넌 누구냐?"

이상한 생명체가 말했다.

"난 궁금이란다. 네 호기심을 먹고 자라는 몸이시지! 네 호기

심이 점점 자라난 덕분에 세상 밖으로 나올 수 있었지!"

궁금이가 계속 말했다.

"좀 전에 네가 아라비아 숫자를 누가 만들었을까 궁금해했지?"

"그래, 맞아. 아라비아 숫자는 아라비아 사람들이 만든 게 맞지?"

"과연 그럴까? 아라비아 숫자는 북인도 사람들이 처음 만들었어."

"아라비아 숫자가 아라비아 사람들이 만든 게 아니었다니, 재미있네!"

"아라비아 숫자는 0부터 9까지 10개의 숫자로 수를 표현해낼 수 있는데, 9 다음이 뭔지는 아니?"

자신을 무시하는 것 같자 훈이가 얼굴을 찌푸리면서 말했다.

"내가 바보로 보이니? 9 다음엔 10이잖아!"

"그럼, 10을 기준으로 수

> **아라비아 숫자는 아라비아 사람들이 만들었을까?**
>
> 아라비아 숫자를 처음 만든 나라는 아라비아가 아니라 북인도입니다. 여러 나라를 돌아다니던 아라비아 상인들이 이 숫자를 쓰게 되면서 전 세계로 전해진 거죠. 그러니까, 정확한 명칭은 인도-아라비아 숫자라고 해야겠지요. 그리고 아라비아 숫자가 전 세계에 전해질 수 있게 된 건 워낙 편하고 쉬웠기 때문이에요. 0, 1, 2, 3, 4, 5, 6, 7, 8, 9 등 10개의 숫자로 그 어떤 수도 표현해낼 수 있으니까요.

를 세는 것을 뭐라고 부르는지 아니?"

"그건 잘 모르겠는데……."

"바로 십진법이야!"

"십진법? 수업 시간에 들어 본 것도 같은데……."

"이진법은 숫자 0과 1만을 사용해서, 둘씩 묶어서 윗자리로 올려 가는 표기법이지. 십진법의 0, 1, 2, 3, 4는 이진법에서는 0, 1, 10, 11, 100이 된다고!"

궁금이가 숫자 이야기를 많이 하자, 훈이가 절레절레 고개를 흔들었다.

"야, 숫자 이야기는 좀 그만하라고!"

그러자 궁금이의 몸이 점점 작아지기 시작했다.

"네 호기심이 줄어드니까 내 몸이 점점 줄어들잖아!"

궁금이가 눈에 보이지 않을 만큼 작아지더니 다시 훈이의 머릿속으로 들어가 버렸다.

> **우리는 왜 십진법을 쓰는 걸까?**
>
> 십진법은 10을 기준으로 수를 세는 것을 말합니다. 0, 1, 2, 3, 4, 5, 6, 7, 8, 9를 써서 10배마다 윗자리로 올려 나아가는 표기법입니다. 9까지 세다가 10이 나오면 두 자리로 바뀌면서 다시 0에서 시작합니다. 그런데 왜 우리는 왜 십진법을 쓰는 걸까요? 그건 우리의 손가락이 열 개이기 때문인 것 같습니다. 사람들은 숫자가 없었을 때 손가락으로 수를 세었을 테니까요. 만약 우리의 손가락이 여덟 개였다면 8진법을 쓰게 되었을지도 모릅니다.

나눗셈을 이용하면 공정하게 나눌 수 있다고?

아침 해가 밝았다. 훈이와 지우, 토리가 눈을 비비며 막집 밖으로 나왔다. 밖에서 남자 다섯 명이 서로 삿대질을 하며 싸우고 있었다. 세 아이는 그 싸움을 구경하기 시작했다.

이윽고 족장 할아버지가 나타나더니 사람들에게 자초지종을 캐물었다. 덩치가 가장 작은 남자가 말했다.

"우리가 표범 한 마리를 함께 잡았는데, 표범 가죽 옷을 똑같이 나눠 가질 수가 없어요. 그래서 서로 가져가겠다고 싸우고 있는 겁니다."

"표범 가죽 옷이 얼마나 나왔는데?"

몸집이 가장 큰 남자가 말했다.

"우리가 표범 가죽 옷을 하나씩 나눠 가졌는데, 하나씩 나눠 갖고도 이만큼 남았어요."

남자가 가리킨 곳에는 표범 가죽 옷 두 벌이 남아 있었다. 족장이 당황해하며 말했다.

"과일이라면 잘라서 나눠 가지면 될 텐데, 옷은 자르면 작아져서 못 입을 테니 어쩔 수가 없겠군."

키가 가장 작은 남자가 말했다.

"그럼, 어떡해야 하나요?"

그때였다. 지우가 끼어들었다.

"여러분, 좋은 방법이 생각났어요! 옷을 자를 수 없으면 번갈아 가면서 입으면 어때요?"

훈이가 말했다.

"그래, 그게 공정하겠다! 하루는 이 사람이 입고, 내일은 저 사람이 입으면 되겠네!"

족장이 남자들의 표정을 살피더니 말했다.

"그거 참 좋은 방법이군. 그런데 매일 번갈아 가면서 입으면 한 명이 비는데?"

지우가 말했다.

"5일 동안 한 사람이 2일씩 입으면 되잖아요. 3일은 다른 사람이 입게 하고요. 가죽 옷이 7벌이고 사람은 5명이니까, 7을 5로 나누면 1과 $\frac{2}{5}$ 잖아요."

그러자 토리가 말했다.

"5일? 2일? 3일? 7벌, 5명? 5분의 2? 그게 무슨 소리야?"

지우가 속으로 생각했다.

'맞다! 이 사람들은 나눗셈은커녕 숫자도 모르는데 깜박했네. 이 사람들한테 어떻게 설명해 줘야 하지?'

훈이는 곰곰이 생각하기 시작했다. 훈이의 머리 위로 궁금이가 다시 나타났고, 훈이의 눈이 초롱초롱 빛났다.

"여러분, 옷을 하나씩 나눠 갖고 두 벌이 남았잖아요? 남은 두 벌을 아저씨 두 분이 들어 보세요."

남자 두 명이 남은 옷 두 벌을 하나씩 들어 올렸다. 나머지 세 명은 빈손으로 서 있었다. 훈이가 나머지 세 명 앞에 돌멩이를 놓아두었다. 그러자 세 명이 화를 냈다.

"왜 우리한테는 옷을 안 주고 돌멩이를 주는데!"

"돌멩이로 맞을래?"

"잠깐만요. 제 말을 끝까지 들으세요. 매일 해가 뜨면 지금 서 있는 순서대로 옷과 돌멩이를 옆 사람에게 건네주세요. 그러면 모두가 공정하게 자기 차례가 오면 옷을 입을 수 있을 거예요!"

남자들이 어리둥절한 표정으로 서로를 바라보았고, 족장은 고개를 끄덕이며 말했다.

"그래, 그거 참 좋은 방법이군. 모두가 공정하게 옷을 번갈아 입을 수 있겠어!"

훈이는 다시 생각에 잠기고, 궁금이의 몸집이 점점 커져 갔다.

'차라리 서로 나눠 갖고 남게 된 나머지를 양보한다면 더 좋지 않을까? 남은 것을 마을의 공동재산으로 쓰거나 늙거나 병든 사람에게 선물한다면 좋을 텐데 말이야. 그나저나 사람들이 셈을 할 줄 모르니까 좀 불편하긴 하네……. '$7 \div 5 = 1\frac{2}{5}$'라는 나눗셈만 알면 공정하게 분배할 수 있잖아. 항상 수학이 없는 세상에서 살고 싶어 했는데, 나눗셈도 필요하고 수식도 필요한 것 같네. 이제 보니 식이야말로 문제를 쉽고 편하게 해결해 주는 도구로구나. 숫자는 문제를 복잡하게 만들기 위해 생겨난 게 아니라 오히려 단순하게 만들기 위해 생겨난 거였어!'

그때였다. 회오리가 휘도는 구멍이 나타나더니 타임고가 나타났다.

"자, 이제 다른 데로 가보자고!"

디오판토스의 기괴한 묘비

3세기 후반 그리스의 수학자인 디오판토스는 '대수학의 아버지'라고 불리는 사람입니다. 그는 수학에서 처음으로 문자를 썼던 사람입니다. 그는 업적보다도 기괴한 묘비명으로 더 유명합니다. 그의 묘비에는 다음과 같이 씌어 있습니다.

디오판토스, 여기에 잠들다.
아아, 위대한 사람이여!
그는 일생의 $\frac{1}{6}$ 을 청년으로 살았고,
그 후 생애의 $\frac{1}{12}$ 을 지나 수염을 길렀다.
$\frac{1}{7}$ 후에 결혼을 했고, 5년 뒤에 아들을 얻었다.
아아, 불행한 자식이여!
아버지 나이의 반을 살고 세상을 떠나다니.
디오판토스는 아들이 죽은 뒤 슬픔의 4년을 보낸 뒤에 죽었다.

이 내용을 식으로 나타내면 다음과 같습니다.

$$x = \frac{x}{6} + \frac{x}{12} + \frac{x}{7} + 5 + \frac{x}{2} + 4$$

도대체 디오판토스는 몇 살에 죽은 걸까요? 이 식대로라면 디오판토스는 84세에 죽었습니다. 디오판토스가 사망할 당시에는 기호가 없었기 때문에 도저히 이 문제를 풀 수 없었습니다. 디오판토스는 자신의 묘비를 통해 죽으면서까지 방정식의 중요성을 세상에 알리고자 했던 것이죠.

2장

체계적인 방법은 쓸모가 있을까?

1부터 100까지 합을 구하라

수학나라 사람들이 열띤 토론을 벌였다.

"n분의 1로 나누어 가져야 공정하니, 가난한 사람들에게 복지를 늘려야 해!"

"그러려면 세금을 늘려야 하는데, 왜 부자에게만 세금을 더 늘려야 하지? 세금도 n분의 1로 거둬들여야 공정한 거지!"

교육부총리 데카르트가 말했다.

"세계 최초로 방정식에 x를 사용한 수학자로서 내가 말하지! 이 몸이 세금을 공정하게 걷을 수 있는 방정식을 만들어 보겠어!"

"그나저나 훈이가 드디어 수학이 왜 필요한지 깨닫기 시작했군!"

가우스가 말했다.

"이번엔 내가 직접 나서지! 타임고, 내가 활약하던 1787년 독일로 훈이를 데려가자!"

타임고가 투덜댔다.

"휴일에는 좀 쉬고 싶어요! 기계에게도 쉴 권리가 있단 말이에요!"

"잔말 말고 어서 출발해!"

타임고의 머리에 '1787년'이 표시되고 회오리가 휘도는 구멍이 나타났다.

> **왜 방정식에 x를 쓸까?**
> 옛날에는 잘 모르는 글자나 아무 글자를 넣어야 하는 책에 인쇄할 경우에 주로 x를 썼어요. x는 인쇄소에서 늘 남는 글자였거든요. 그래서 방정식에도 x를 쓰게 된 거랍니다. x를 방정식에 최초로 사용한 사람은 데카르트예요.

아침이 밝았다.

훈이와 지우가 눈을 떠 보니 구석기시대의 막집이 아니었다. 침대에서 몸을 일으킨 두 아이는 창밖을 바라보았다. 왼쪽과 오른쪽이 대칭을 이루고, 벽에 장식이 없으며, 평평하거나 돔 형태의 지붕이 있는 건물들이 늘어서 있었다. 훈이가 말했다.

"여긴 선사시대가 아닌 것 같은데?"

"건물들을 보아하니 18세기 후반 같아! 18세기 후반에 유럽에서 유행했던 신고전주의 양식 건물들이 보이니까."

"넌 그런 것도 아니?"

"책에서 읽은 게 생각난 거야."

창밖을 쳐다보는 두 아이의 등 뒤에서 타임고가 말했다.

"여긴 1787년 독일이야. 난 임무를 마쳤으니 그만 돌아갈게."

타임고가 회오리가 휘도는 구멍 속으로 뛰어들자 훈이가 소리쳤다.

"야, 왜 우리를 여기로 데려온 건데? 우리를 집으로 데려다주라고!"

타임고가 사라지자 두 아이는 거리로 나섰다.

거리에는 사람들이 많았다. 코가 크고 눈이 파란 사람들이 테이블에 앉아 맥주를 마시고 있었다. 사람들 중에는 광대와 황소, 마녀, 왕자와 공주 등으로 분장하고 춤을 추면서 구경꾼에게 사탕과 초콜릿을 던지는 사람들이 더러 있었다. 훈이가 말했다.

"맥주 축제를 벌이고 있나 봐!"

지우가 말했다.

"사육제 축제를 벌이고 있는 것 같은데."

"사육제? 그게 뭐야?"

독일인 여자아이가 두 아이에게 다가오며 말했다.

"사육제는 부활절 6주일 전에 시작되는데, 이때는 모든 상점은 문을 닫고, 여기저기서 먹고 마시며 즐긴다고! 저 사람들처럼 우스꽝스러운 복장과 분장을 한 사람들로 분위기가 달아오르지. 난 한나야. 너희는 옷이 좀 특이하구나. 원시인처럼 털옷을 입고 있네?"

다른 독일인 남자아이가 말했다.

"난 가우스야. 우리랑 같이 사육제 축제를 즐길래?"

가우스는 누렇게 색이 바랜 낡은 셔츠와 무릎이 해진 바지를 입고 있었다. 가난한 아이 같아 보였다. 가우스를 쳐다보며 지우가 생각했다.

'가우스? 가우스라면 수업 시간에 자기장에 대해 배우면서 들은 이름인데……'

사람들은 밤늦도록 놀고

> **자성을 나타내는 단위를 만든 사람은?**
>
> 가우스는 말을 배우기도 전에 계산부터 했던 수학영재였어요. 영재지만 교만하지 않고 수많은 업적을 남기기 위해 끊임없이 노력해 십칠각형 작도법, 정수론, 초기하급수론, 곡면론, 복소함수론 등을 연구했답니다. 가우스는 물리학에서도 큰 공을 세웠는데요. 자기장 안에서 생기는 자성을 나타내는 단위 G는 가우스의 이름을 따서 지은 것이랍니다.

있었다. 거리에 쭉 늘어선 가판대에서 맛있게 구워진 햄이나 거품이 가득한 맥주를 사는 사람들도 있었고, 연주와 노래를 하는 사람도 있었으며, 신이 나서 탁자나 의자 위에서 어깨동무를 하거나 춤을 추는 사람들도 있었다. 하지만 훈이는 그다지 신나지 않았다. 배도 고프고 집에 돌아가고 싶어서였다.

한나가 말했다.

"우리도 햄 먹을까?"

가우스가 말했다.

"난 돈이 없는데……."

"괜찮아. 나한테 돈이 있어."

먹을 것을 이야기하니 훈이는 집 생각이 금세 사라졌다.

"그래, 배고팠는데 우리도 먹자!"

햄을 맛있게 먹으니 훈이는 배가 불렀다. 배가 부르니 또다시 집 생각이 났다.

'난 TV도 보고 싶고, 게임도 하고 싶어. 어서 빨리 집으로 돌아가고 싶어……'

지우도 집 생각이 났다.

'숙제도 해야 하고, 부모님이랑 동생도 보고 싶어……'

두 아이의 표정이 어두워지자 한나가 말했다.

"너희는 왜 그렇게 슬퍼 보이니? 무슨 일이라도 있어?"

지우가 말했다.

"집에 돌아가고 싶어."

"너희 집이 어디인데?"

"대한민국 서울."

"대한민국? 서울? 거기가 어딘데?"

가우스가 두 아이를 유심히 살피더니 말했다.

"그리고 보니 너희는 좀 특이하게 생겼구나. 우리처럼 눈도

파랗지 않고, 머리카락도 까맣잖아! 서울이란 데는 여기서 머니? 내가 데려다줄까?"

훈이는 곰곰이 생각했다.

'비행기도 없는 시대에 여기서 서울까지 가려면 몇 달도 넘게 걸릴 텐데……. 게다가 우리는 시간여행을 왔잖아. 네가 무슨 수로 우리를 집으로 데려다주겠니? 사실대로 이야기했다간 이상한 아이라고 오해받을 수도 있으니, 그냥 길을 잃었다고 해야겠다.'

"부모님이랑 여행 왔는데, 길을 잃었어……."

훈이의 속마음을 눈치 챈 지우가 말했다.

"집에 돌아가고 싶지만 오늘은 밤도 늦었으니, 당장 잘 곳도 없는 게 더 문제야……."

가우스가 말했다.

"그럼 오늘은 우리 집에서 자자. 우리 집은 가난해서 방이 많지 않아서 너희가 잘 방은 없지만 창고에서는 재워 줄 수 있어. 그런데 너희는 이름이 뭐니?"

"그래, 고맙다. 난 훈이."

"난 지우."

> **평행선은 오직 하나뿐일까?**
> 고대 그리스의 유명한 수학자 유클리드는 평행선에 대해 "직선 밖의 한 점을 지나는 이 직선에 평행한 직선은 단 한 개만 존재한다"라고 말했어요. 간단한 말 같아 보이죠? 그런데 이것을 증명하기 위해 수많은 수학자들이 꽤 오랫동안 고민했답니다.

훈이와 지우가 가우스를 따라가는 동안, 가우스는 진지한 표정으로 무언가를 생각하는 것 같았다. 지우가 가우스에게 물었다.

"넌 걸어가면서도 계속 뭔가를 생각하는 것 같구나. 무슨 생각을 그렇게 하는 거야?"

"선생님이 이번 시험에 나올 거라고 말씀하신 문제, 평행선에 대해 생각하고 있었지."

훈이가 지우를 가리키며 말했다.

"시험에 목숨 거는 건 누구랑 똑같구나!"

지우가 자신을 노려보자 훈이가 눈길을 피하며 가우스에게 말했다.

"시험 문제는 찍으면 그만이지, 왜 고민하니? 그런데 평행선? 그게 뭐야?"

"넌 평행선을 모르니? 서로 만나지 않는 두 직선 말이야."

훈이가 되물었다.

"서로 만나지 않는 두 직선이 어떻게 서로 만나겠어?"

"그러니까 그 문제를 생각하고 있는 거야."

훈이가 답답하다는 듯이 소리쳤다.

"아니고, 답답하네! 쓸데없이 왜 생각하는데?"

"생각하는 게 왜 쓸데없니? '인간은 생각하는 갈대'라는 말도 있잖아! 현생 인류를 나타내는 말인 '호모 사피엔스'도 '생각하는 사람'이라는 뜻을 지녔다고!"

이 모습을 수학나라에서 지켜보던 파스칼이 투덜댔다.

"'인간은 생각하는 갈대'라는 말은 내가 한 말인데, 마치 자기가 한 말처럼 써먹다니!"

가우스가 다시 말했다.

"아르키메데스가 지레의 원리를 발견한 것도 논리적으로 생각했기 때문이었어. 무언가를 논리적으로 생각하면 아무리 어려운 문제도 답을 알 수 있어. 주어진 문제를 논리적으로 생각해서 해결하려 하면 그 어떤 문제도 풀 수

지구를 움직이는 지렛대

아르키메데스는 "나는 지구를 움직일 수 있다"고 종종 말하고 다녔어요. 그리고 항상 "지구를 들 수 있을 만큼 긴 막대기만 있으면"이라고 덧붙였어요. 아르키메데스는 적은 힘으로 거대한 물건을 움직일 수 있는 지렛대의 원리를 처음 발견한 사람이에요. 옛날 사람들은 전쟁할 때 투석기에 돌을 올려놓고 멀리 던지죠? 그 투석기를 처음 만든 사람도 바로 아르키메데스랍니다.

있지! 너처럼 시험 문제를 생각하지 않고 찍으려고만 하면 결코 실력이 늘 수 없어!"

훈이가 발끈하며 말했다.

"실력이 안 늘다니! 난 저번 시험에 찍어서 5분의 1을 맞았는데, 이번 시험에는 4분의 1이나 맞았다고!"

"그건 어쩌다 운이 좋아서 그런 거겠지. 쉬운 문제부터 차근차근 논리적으로 생각해서 해결하려 하면 어려운 문제도 풀 수 있어. 나는 오늘 학교에서 선생님이 내주신 문제를 가장 빨리 풀었다고!"

"오늘 학교에서 어떤 문제를 풀었는데?"

"선생님이 1부터 100까지의 합을 구하라고 하셨는데, 1분도 안 돼서 그 문제를 풀었지!"

"거짓말하지 마! 1부터 100까지의 합을 어떻게 1분 만에 구하니! 1 더하기 2는 3, 3에다가 3을 더하면 6, 6에다 4를 더하면 10……. 이런 식으로 100까지 더하려면 10분은 걸리겠다!"

"내가 알려주는 방법대로 하면 너도 1분은커녕 30초도 안 걸려서 1부터 100까지의 합을 구할 수 있지."

"너, 허풍이 너무 심하구나! 난 머리도 나쁘고 공부도 못해!

특히 수학이라면 수틀리는 사람이야. 물론 수학 시험을 1분도 안 되어서 풀기는 하지! 시험 문제는 안 읽고 답을 찍어서 우리 반에서 가장 빨리 시험을 끝내지!"

지우가 속으로 생각했다.

'가우스가 한 말은 허풍이 아닌데……. 수학 책에서 읽었는데, 가우스는 4학년 때 뷔트너 선생님이 수학 시간에 1부터 100까지의 합을 구하라는 문제를 내주시자 30초도 안 걸려서 정답을 맞혔어. 1부터 100까지의 덧셈식을 쓰면 $1+2+3+\cdots+98+99+100$이 되는데, 이때 $1+100=101$, $2+99=101$, $3+98=101\cdots$ 등 101이 50개가 되므로, $101\times50=5{,}050$이라

는 곱셈식을 이용해 정답을 맞혔지.'

가우스가 훈이에게 말했다.

"머리가 좋고 나쁘고는 상관없어. 조금만 생각하면 방법을 찾을 수 있어. 수학이라면 무턱대고 싫어해서 문제를 해결할 방법을 생각하지 않는 게 문제지. 무턱대고 싫어하면 마냥 어렵게만 느껴질 뿐이야."

"그건 지우가 나에게 종종 해준 말인데. 그나저나 수학 이야기를 하니까 머리가 아프다. 그 얘기는 그만하자. 그런데 너희 집 창고는 아직 멀었니?"

"이제 다 왔어. 저기 보이는 데야."

이윽고 허름하고 낡은 집에 도착했다. 집 뒤에는 태풍이라도 불면 날아가 버릴 것만 같은 작고 낡은 창고가 있었다. 훈이와 지우는 TV에서 보던 예쁘고 깨끗한 집을 생각했다가 실망하고 말았다.

'가난하다는 말이 진짜였네. 이러다 아침이나 얻어먹을 수 있으려나······.'

"난 아빠가 기다리시니까 얼른 집에 가 볼게. 우리 아빠는 매우 엄한 분이시거든. 너희도 잘 자고 내일 아침에 보자."

두 아이가 인사하기도 전에 가우스가 부리나케 집으로 들어가 버렸다. 그때였다. 지우가 창고 문을 가리키며 말했다.

"이거 큰일이네. 창고 문이 잠겨 있잖아!"

"그럼 가우스네 집으로 가서 문을 열어 달라고 해야겠다."

"가우스네 아빠는 엄하시다잖아. 그냥 가우스가 돌아올 때까지 기다려 보자……."

자물쇠 번호판에서 찾은 순열의 법칙

두 아이는 창고 문 앞에서 몸을 벌벌 떨고 있었다. 털옷을 입었지만 하늘에서 보슬보슬 눈까지 내리기 시작하니 추위를 견디지 못했다. 훈이는 생각에 잠겼다.

'추우니까 집 생각이 더 나는구나. 그나저나 이 창고 문은 어떻게 열지? 창고에 자물쇠가 채워 있어서 문을 열 수가 없네. 그냥 아무 번호나 막 눌러 볼까?'

훈이는 자물쇠 번호를 이것저것 눌러 보았다. 자기 생일인 5월 25일과 관련된 5와 25, 학년과 번호와 관련된 숫자인 5와 14를 눌러 보았지만 문은 열리지 않았다.

훈이의 궁금증이 커지자 머릿속에서 궁금이가 나타났다. 궁금이가 말했다.

"아까 가우스가 한 말을 떠올려 봐. 시험 문제를 찍 듯이 아무 숫자나 막 누르면 자물쇠를 어느 세월에 열겠니? 무언가를 논리적으로 생각하면 아무리 어려운 문제도 답을 알 수 있어. 주어진 문제를 논리적으로 생각해서 해결하려 하면 그 어떤 문제도 풀 수 있지!"

좋은 방법이 떠오른 훈이가 말했다.

"그래, 방탈출 게임이 기억난다. 자물쇠가 채워진 방을 탈출하려면 이 방법을 쓰면 돼! 이 자물쇠의 비밀번호를 아는 사람은 그 번호만 누를 거야. 손때가 묻은 번호 버튼이 자물쇠의 비밀번호일 거야!"

훈이는 자물쇠의 버튼 중에서 3번과 5번, 7번, 9번 버튼이 유난히 닳아 있는 것을 발견했다. 3번과 5번, 7번, 9번 버튼을 순서대로 눌렀다. 그러나 자물쇠는 열리지 않았다. 그러자 이번엔

동전의 앞면과 뒷면이 나올 확률은?
하나의 동전을 던져 앞면과 뒷면이 나올 확률은 모두 2분의 1입니다. 그런데 실제로 동전 열 개를 던졌을 때는 앞면이 5번, 뒷면이 5번 나오지 않을 수도 있습니다. 그렇지만 동전을 많이 던지면 던질수록 앞면이 나오는 숫자가 2분의 1이라는 확률에 가까워집니다. 이것을 대수의 법칙이라고 합니다.

3, 7, 5, 9를 눌러 보았다. 그래도 자물쇠는 열리지 않았다.

"이것도 아닌가……."

그때였다. 지우가 말했다.

"그래, 경우의 수를 이용하면 어떨까?"

"경우의 수?"

"'경우의 수'는 어떤 사건이 일어나는 가짓수를 말하는 거야."

훈이는 경우의 수를 따져 보기 시작했다.

"그래 경우의 수를 모두 따져 보고, 그 경우의 수를 하나씩 눌러 보면 될 거야. 3, 5, 7, 9 중 모든 숫자가 첫 번째 숫자가 될 수 있겠지. 우선 첫 번째 숫자가 3인 경우의 수부터 눌러 보자."

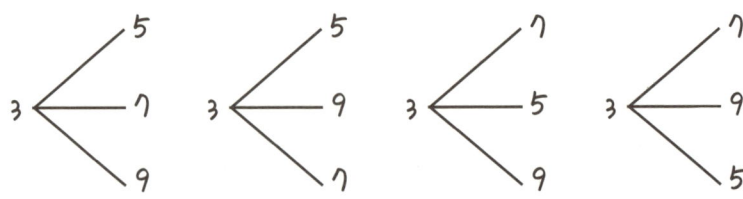

지우가 기뻐하며 말했다.

"그래, 이런 식으로 하면 비밀번호를 곧 알 수 있겠어! 경우의 수를 순서대로 누르다 보면 될 거야!"

3579, 3597, 3759, 3795… 훈이는 경우의 수를 순서대로 누르기 시작했다. 그래도 자물쇠가 열리지 않자 지우가 나섰다.

"첫 번째 숫자가 3인 경우의 수를 모두 눌러도 열리지 않잖아. 이번엔 내가 5가 첫 번째 숫자로 오는 경우의 수를 눌러 볼게."

잠시 후 '5793'을 누르자 자물쇠가 열렸다.

"와, 열렸다!"

두 아이는 창고 문이 열리자 얼른 문을 닫았다. 창고 안에 쌓여 있는 건초 더미를 바닥에 깔고 몸을 눕혔다. 이윽고 몸이 좀 따뜻해지는 것 같았다. 지우가 말했다.

"거봐! 순열을 이용하니까 되잖아!"

"순열? 그게 뭔데?"

"좀 전에 네가 경우의 수를 하나씩 따져 보았지? 그렇게 경우의 수를 따지는 것을 순열이라고 해!"

순열이란 무엇일까?

순열이란, 경우의 수를 따지는 것을 말합니다. 순열을 처음 발견한 사람은 12세기 인도의 수학자 바스카라예요. 순열을 이론적으로 연구한 수학자는 17세기의 수학자 파스칼입니다.

훈이는 잠들기 전에 곰곰이 생각해 보았다.

'수학을 싫어하는 내가 순열을 이용해 자물쇠를 열었다니! 시험 문제 답을 찍듯이 아무 숫자나 눌렀다면 지금도 추위에 벌벌 떨었을 거야. 어려워 보이는 문제도 방법만 알면 그리 어렵지 않게 풀 수 있구나! 나눗셈도 그렇고 순열도 그렇고 수학이 제법 쓸모가 있네…….'

폴리비오스의 재미있는 숫자 암호

기원전 168년 로마가 그리스를 정복했을 때, 폴리비오스라는 역사학자가 체포되어 감옥에 갇힌 일이 있었습니다. 그는 감옥에 있는 동안 비밀문서를 밖으로 보내기 위해 숫자로 암호를 만들었습니다. 그가 만든 비밀문서는 다음과 같은 모양이었습니다.

	1	2	3	4	5
1	A	B	C	D	E
2	F	G	H	I	J
3	K	L	M	N	O
4	P	Q	R	S	T
5	U	V	W	X	Y/Z

어떻게 하면 될까요? A는 1줄 1칸에 있으므로 11, B는 1줄 2칸에 있으므로 12로 표시할 수 있겠지요? 'I am a boy'를 숫자 암호로 적는다고 가정해 보면 '24 1133 11 123555'로 표현할 수 있습니다. 이 암호는 현대의 암호와 비교해도 손색이 없는 뛰어난 것이라서, 제1차 세계대전 때 군대에서도 사용되었답니다. 여러분들도 폴리비오스처럼 자신만의 암호를 만들어 보세요.

성냥개비 여섯 개로 정삼각형 네 개를 만들라고?

가우스가 창고 안으로 빵을 가져왔다. 훈이와 지우가 빵을 먹는 동안 가우스가 성냥개비 여섯 개를 늘어놓고는 생각에 빠지기 시작했다. 그 모습을 지켜보던 훈이가 말했다.

"야, 넌 또 뭘 그렇게 생각하니?"

"6개의 성냥개비로 정삼각형 네 개를 만들어 보려고. 단, 성냥개비들을 꺾거나 잘라서는 안 돼."

지우가 말했다.

"삼각형은 변이 세 개인 도형이잖아. 성냥개비 세 개로는 삼

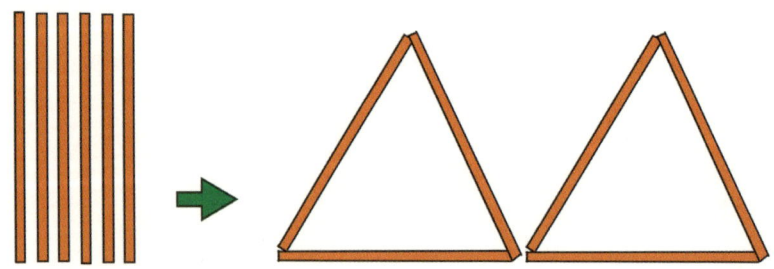

각형 하나를, 여섯 개로는 두 개밖에 못 만들지 않아? 삼각형 네 개를 만들려면 3 곱하기 4 해서 열두 개의 성냥개비가 필요하거든."

두 아이의 이야기를 엿듣던 훈이가 나섰다.

"넌 왜 쓸데없이 이럴 걸로 고민하니? 난 어떻게 하면 게임을 더 잘할 수 있을까 고민하는데……."

말은 그렇게 했지만 훈이는 이 문제를 함께 고민하기 시작했다.

'여기서는 게임도 할 수 없는데, 이 문제를 게임이라고 생각해 보고 풀어 볼까?'

가우스가 말했다.

"삼각형은 성냥개비 세 개가 있어야만 만들 수 있으니까, 그것을 기본으로 생각해야 할 거야."

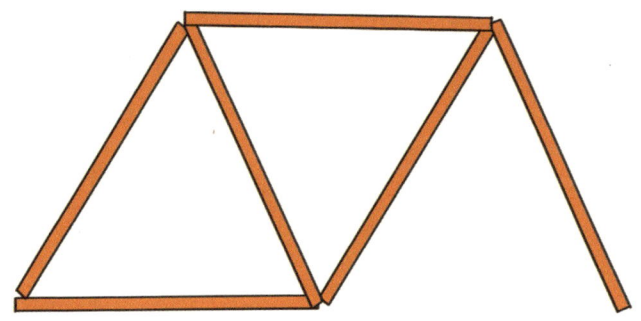

훈이는 성냥개비들을 바라보며 말했다.

"삼각형이 떨어져 있으라는 규칙은 없지? 이렇게 처음에 만든 삼각형 옆에 성냥개비 두 개를 붙이면, 성냥개비 하나를 아낄 수 있어!"

"너, 보기보다 똑똑하구나. 거봐, 생각하니까 되잖아! 하지만 이 방법으로는 하나 이상으로는 줄어들지 않아."

그러자 지우가 나섰다.

"그럼, 성냥개비를 교차시키는 건 어때? 그러면 성냥개비 두 개로 세 개의 변을 만들 수 있어."

"그래도 마찬가지야. 여전히 다른 성냥개비로 다른 한 면을

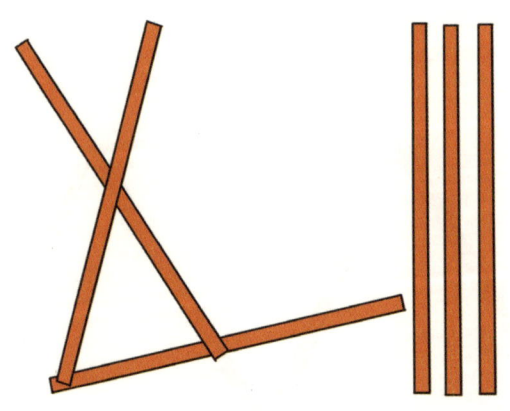

막아야 해!"

훈이는 곰곰이 생각에 잠겼다.

'1부터 100까지의 합을 구하는 문제도 잘 생각해 보니 어렵지 않게 답을 구할 수 있었어. 이것 역시 쉬운 방법이 있을 거야. 가만있자, 겹치는 면이 많아지면 어떨까?'

궁금이가 훈이의 머릿속에서 불쑥 튀어 나오고, 훈이가 소리쳤다.

"성냥개비가 꼭 땅 위에 있지 않아도 되지?"

가우스가 말했다.

"그래, 그래도 돼."

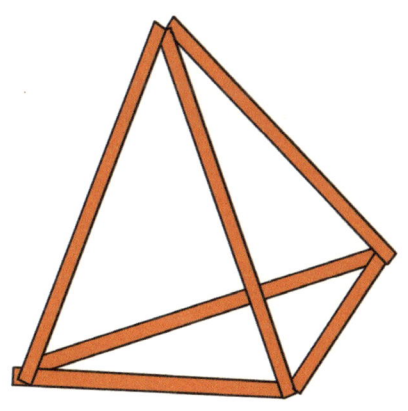

훈이가 성냥개비를 움직이며 말했다.

"자, 이걸 봐! 삼각형 하나를 만든 다음에 나머지 성냥개비 세 개를 이렇게 손으로 잡고 위에 올려놓으면 되잖아!"

가우스와 지우가 훈이가 만든 삼각형을 바라보며 소리쳤다.

"와, 대단한데!"

"정사면체로 만드니까 되잖아! 정사면체는 네 면이 모두 정삼각형이니까!"

가우스가 훈이를 바라보며 말했다.

"너도 나처럼 천재 아니야?"

훈이가 어깨를 으쓱하며 말했다.

"내가 잘하는 게임을 하듯 문제를 푸니까 별로 어렵지 않네!"

"그래, 수학에 대한 생각만 바꾸면 너도 나처럼 수학을 잘할 수 있어! 수학이 재미있다고 생각하면, 수학을 잘할 수 있을 거야!"

> **왜 벌집은 육각형일까?**
> 벌이 벌집을 육각형으로 만드는 이유는 일의 양이 가장 적기 때문입니다. 육각형을 만들면 자동으로 여섯 개의 면이 생기고, 그러면 그 옆에 나머지 면만 만들면 되니까요. 게다가 육각형으로 만들면 방의 공간 역시 커지거든요.
> 옛 서부 개척자들은 밤에는 여섯 개의 마차를 육각형 모양으로 만들어 놓고 쉬었대요. 쉴 수 있는 공간을 최대한 확보할 수 있으면서, 적으로부터 공격받는 공간을 가장 적게 만들어주기 때문이죠.

둘 사이의 대화에 지우가 끼어들었다.

"그래, 나도 수학을 잘하는데 수학이 재미있다고 생각해서 그런 것 같아."

가우스가 말했다.

"그런데 좀 전에 네가 한 방법대로 한다면 평행선이 서로 만날 수 있는 방법도 알 수 있겠는데! 잠깐 기다려 봐!"

가우스가 창고 구석을 뒤지더니 공 하나를 가져왔다. 가우스는 공에 두 개의 선을 그었다. 얼핏 보면 두 선은 평행선처럼 보이지만 공을 돌려 보니 두 선이 서로 만나고 있었다. 지우가 말했다.

"그러고 보니 지구본이랑 비슷하네. 지구의 경도선은 평평한 지도에서는 평행선처럼 보이지만, 지구본에서 보면 모든 경도선이 북극과 남극에서 만나거든."

가우스가 고개를 끄덕이며 말했다.

"그래, 동그란 공에 직선을 그으니까 곡선처럼 보이는 거야. 하지만 공 자체가 곡선이기 때문에 공에는 직선을 그릴 수가 없지. 즉, 공 위에는 평행선을 그릴 수가 없어. 그렇다면 세상이 평면이 아니라 입체라고 생각하면 평행선도 언젠가는 서로 만날

비유클리드 기하학의 시초가 된 가우스의 엉뚱한 생각

가우스의 평행선에 대한 새로운 생각은 비유클리드 기하학이라고 불리는 새로운 학문의 시초가 되는 놀라운 발견이었습니다. 가우스는 공처럼 휜 공간에서는 직선인 평행선을 그릴 수 없다고 생각했습니다. 하지만, 그는 이것이 너무나 기괴하고 이상한 생각이라 여겼기 때문에 죽을 때까지 발표하지 않았습니다. 이 기록은 그가 죽은 뒤에야 일기장에서 발견되었고, 이는 지금까지 우주의 구조를 파악하는 기초가 되고 있습니다.

수 있다는 것을 증명할 수도 있어!"

가우스는 공을 돌려가며 계속 열변을 토했다.

"공 위에 직선을 그리면, 그것을 직선이라고 해야 할까? 아니면 곡선이라고 해야 할까? 만약 내가 동그란 지구 위에서 앞으로 계속 가면 결국 제자리로 돌아오잖아. 그러면 나는 직선으로 걸어간 걸까? 아니면 원을 그리며 걸어간 걸까?"

이 말을 듣던 훈이의 눈이 반짝였다.

'그래, 어쩌면 집에 돌아갈 수도 있어. 우주도 지구와 같이 둥글다면, 우주선을 타고 계속 날아가면 언젠가는 제자리로 돌아올 수 있어. 그럼, 집으로 돌아갈 수 있지 않을까? 그런데 우주선은 어디서 구하지?'

그때였다. 이상한 구멍이 다시 휘돌기 시작하면서 타임고가 나타났다.

유클리드의 방정식

유클리드라는 사람이 누구야?

유클리드는 수학에서 처음으로 '정의'라는 개념을 쓴 사람이야.

유클리드는 『기하학 원론』이라는 책을 썼는데, 그 책에는 수학 문제를 풀려면 반드시 알아야 할 '정의'들이 산더미처럼 들어 있어.

같은 것과 같은 것은 서로 같다.
같은 것들에 같은 것을 더하면 서로 같다.
같은 것들에 같은 것을 빼면 서로 같다.
서로 일치하는 것은 서로 같다.
전체는 그 부분보다 크다.

왜 웃는 거야?

아니, 너무 당연한 말이잖아? 그럼, 같은 것과 같은 것이 서로 같지 다를 리가 있어? 같은 것에 같은 것을 더하면 서로 같지, 그럼 다르겠냐고!

이건 중요한 문제야! 유클리드가 이런 당연한 개념을 정리하기 전까지 사람들은 수학 문제를 제대로 풀지 못했어.

정말? 난 이해가 안 가는데.

이 수식을 봐.

$Y+3=X+3$

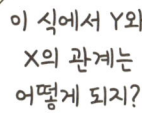

이 식에서 Y와 X의 관계는 어떻게 되지?

음……

$Y+3=X+3$

유클리드가 한 말을 잘 생각해 봐. '같은 것들에 같은 것을 더하면 서로 같다. 같은 것들에 같은 것을 빼면 서로 같다'는 것을 생각하면, 어떤 결론이 나오지?

그야, Y=X지. 양쪽에서 3을 빼도 같아지니까. 가만 있자. 이건 학교에서 배우는 방정식이잖아!

바로 그거야! 유클리드가 이런 '당연한' 것들을 정리해 주었기 때문에 방정식이 생겨날 수 있었던 거야. 단순하고 간단하고 당연한 것이라고 해서 무시해서는 안 되지. 가장 당연한 것들이 온갖 복잡한 것들의 기초가 되니까.

하긴 그래. '먹을 것이 있으면 서로 나눠 먹어라'라든가, '싸우지 말고 잘 지내라' 등의

가장 당연한 것들을 사람들이 잊지 않는다면 아마 전쟁 같은 건 일어나지 않을 거야.

3장

길이의 단위를 내 마음대로 정하면 안 될까?

미터(m)의 단위는 언제 만들었을까?

타임고가 훈이와 지우를 낯선 곳으로 데려왔다. 타임고의 머리에는 '1790년'이 나타났다. 지우가 말했다.

"여기는 어디야?"

"프랑스 파리야. 지금 중요한 토론을 벌이고 있으니 거기로 가 보자고!"

타임고를 따라가자 예닐곱 명의 사람들이 원탁에 둘러앉아 토론하고 있었다. 타임고가 작은 목소리로 속삭였다.

"토론을 방해하면 안 되니까 우리 모습이 보이지 않도록 해줄게!"

타임고의 머리에 '투명인간 모드'가 나타나자 훈이와 지우는 서로의 모습을 볼 수 없었다.

'와, 신기하네!'

"오늘은 프랑스 최고의 수학자와 물리학자들을 모시고 도량형에 대해 토론해 보겠습니다."

"지금 유럽의 도량형이 나라마다 다르고, 같은 나라에서도 지역마다 다른데요. 1피트(feet : 길이의 단위)만 해도 프랑스가 영국보다 길어요."

"사회자로서 질문하겠습니다. 길이의 단위가 차이 나면 문제라도 생기는 겁니까?"

"마을과 마을 간의 거리처럼 길이가 긴 것을 잴 때는 문제가 크지 않지만, 사람 키처럼 이보다 길이가 짧은 것을 잴 때는 문제가 생기죠."

훈이는 사회자가 자기처럼 수학을 잘 모른다고 말하니, 친근하게 느껴졌다. 사회자에게 다가가 그의 콧수염을 장난스럽게 쓰다듬었다. 그러자 사회자가 콧수염을 긁적이며 혼잣말을 했다.

"여름도 아닌데, 벌써 모기가 있나? 왜 이렇게 가렵지……."

훈이는 웃음이 터져 나오려는 것을 억지로 참으며 생각했다.

'길이의 단위가 차이 나면

자주 쓰는 길이의 단위들

우리가 일상생활에서 자주 쓰는 길이의 단위로는 다음과 같은 것들이 있습니다. 치(3cm), 척(자, 30cm), 장(10척), 리(400m), 길(사람 키의 한 길이), 땀(바느질에서 바늘로 한 번 뜬 눈), 발(길이를 잴 때 두 팔을 펴 벌린 길이), mm(1m의 1/1,000), cm(1m의 1/100), m(미터법의 기본), km(1,000m), 인치(2.54cm), 피트(30.48cm), 야드(91.44cm), 마일(1,609.35m).

어떤 문제가 생길까? 똑같은 단위더라도 상황에 따라 그것이 크게 느껴질 수도 있고 적게 느껴질 수도 있겠군. 내 키가 지우보다 5cm 더 크다고 말하면, 누구나 그렇게 작은 차이가 무슨 의미가 있냐고 할 거야. 하지만 내 코가 지우보다 5cm 더 길다고 하면, 내 코가 너무 길어 보여서 나를 놀려댈 수도 있겠군.'

토론은 계속되었다.

"만약 언어가 나라마다 다르다고 해서 그것을 통일해야 한다면, 나라 간의 문화를 무시하게 될 겁니다. 단위가 바뀌면 혼란이 생기는데, 그건 어떻게 할 건가요? 사람들이 모두 새 단위를 배워야 하는데요?"

"프랑스 한 나라에서만 사용되는 자가 400종류나 됩니다. 단위가 일정치 않은 것이 국가가 민중을 탄압하는 수단으로도 쓰였습니다. 귀족들이 저마다 자기만의 단위를 들이대며 세금을 멋대로 매겼으니까요. 우리가 무엇 때문에 혁명을 일으켰는지 생각해 보세요. 우리는 모든 불합리한 것을 고치기 위해 많은 피를 흘렸습니다."

"옳습니다! 불합리한 것들은 고쳐 나가야 해요. 우리는 '단위를 통일하자'는 민중의 목소리를 외면해선 안 됩니다. 그래서 여기 국회의 의회에서 프랑스 학사원이 임명한 우리 일곱 명이 도량형 위원으로 선정되어 토론을 하는 것 아닙니까."

"국제적으로 통용될 수 있는 국제 단위를 만들어야 하는데, 우선 미터(m)부터 통일해 봅시다!"

지우가 생각했다.

'1790년이면 프랑스 혁명이 일어난 지 얼마 안 되었네. 지금은 프랑스 혁명 시대구나!'

"단위를 정한다면, 대체 무엇을 기준으로 정해야 하죠?"

"기존에 쓰던 단위 중 하나를 선정하는 것이 옳습니다."

"하지만 이미 쓰고 있는 단위를 정한다면, 공정하지 않아요. 그 단위를 쓰던 사람들에게는 특혜가 되는 셈이니까요. 그건 혁명의 평등 정신에 위배됩니다."

"그렇다면 새로운 단위를 만들어야겠군요. 하지만 여전히 문제가 있어요. 대체 무엇을 기준으로 해야 할까요?

왜 영국과 미국은 미터 대신 마일을 쓸까?

프랑스 의회에서 일곱 명의 도량형 위원들이 벌인 토론에서 프랑스 파리를 지나는 자오선의 북극에서 적도까지의 거리의 1,000만 분의 1을 기본 길이 1미터로 하기로 정해졌습니다. 토론을 시작한 것은 1790년이었고 법률로 정해진 것은 1793년이에요. 그런데 이렇게 법률로 정해 놓고도 왜 영국과 미국은 여전히 야드, 파운드의 단위를 쓰는 걸까요? 그건 미터법이 프랑스를 기준으로 정해졌다는 것에 대한 반발심 때문이랍니다.

무엇을 기준으로 하든 공정하지 않아요. 이를테면, 마차의 길이로 하자고 하면 마차를 만드는 업자에게 특혜가 되겠지요."

"모든 사람에게 공정한 것이라면 과연 무엇이어야 할까요? 하늘? 바다? 아니, 바다도 공정하지 않아요. 보지 못하는 사람이 있으니까요."

토론이 길어지자 훈이는 지루해졌다.

'이런 식이라면 앞으로 몇 년은 더 토론하겠는데. 여기 말고 즐거운 일이 벌어지는 다른 곳으로 가 보고 싶어.'

그때였다. 이상한 구멍이 휘돌기 시작하면서 타임고가 나타났다.

국제 표준시는 언제 통일했을까?

시간의 통일은 1884년 워싱턴에서 세계 25개국의 대표가 모여서 정했어요. 여기서 기준 자오선, 그러니까 경도 0도를 정했지요. 왜 시간을 정하는데 지역을 정해야 했을까요? 그건, 지구가 둥글고, 나라마다 시간이 다르기 때문이죠. 우리나라에서 해가 뜰 때 지구 반대편에서는 해가 지니 국제 표준시를 정하게 된 겁니다.

기준 자오선은 영국의 그리니치 천문대로 정해졌어요. 미터법을 프랑스에 빼앗긴 영국이 시간만은 자기 나라를 기준으로 정하려고 애를 쓴 결과였대요. 만약 우리나라가 당시 세계 강대국이었다면, 광화문이나 남대문이 경도인 0도가 되었을지도 모르죠.

단위가 통일되지 않으면 어떤 일이 벌어질까?

　수학나라에서 또다시 열띤 토론이 벌어졌다.
　"이번엔 내가 훈이를 만나 볼 거야!"
　"아니야, 내가 적임자야!"
　경제부통령 탈레스가 말했다.
　"피라미드의 높이를 측정했던 내가 적임자야! 길이나 높이 등 단위를 가장 많이 사용하는 사람이 바로 난데, 이번엔 내가 가장 적임자지!"
　이 말을 듣고 모두가 수긍하는 분위기였다. 수학나라의 대통령 가우스가 말했다.
　"타임고, 어서 오너라!"
　"프랑스에서 방금 돌아왔는데, 이번엔 어디로 가라고요?"
　"고대 이집트!"
　타임고의 머리에 'BC 594년'이 표시되고 회오리가 휘도는 구멍이 나타났다.

훈이와 지우는 타임고와 함께 모래로 가득한 사막에 도착했다. 주위를 둘러보니 저 만치에 피라미드가 있었다. 훈이가 말했다.

> **왜 이집트에서는 측량 기술이 발달했을까?**
> 이집트는 매년 나일 강 물이 넘쳐흘러서 홍수를 겪었어요. 홍수가 지나가고 나면 진흙으로 뒤덮인 토지를 다시 복원하고 피해를 조사해야 했기 때문에, 측량 기술이 발달할 수밖에 없었죠.

"피라미드면 이집트 아니야?"

"그런 거 같은데……."

두 아이는 타임고의 머리를 쳐다보았다. 'BC 594년'이 눈에 들어왔다. 타임고가 말했다.

"난 할 일을 했으니, 이만 가 볼게."

훈이가 소리쳤다.

"잠깐만! 여긴 너무 더운데, 갈아입을 옷 좀 줄래?"

타임고가 아직도 선사시대 털옷을 입고 있는 훈이와 지우를 쳐다보며 말했다.

"맞다! 그러고 보니 너희는 줄곧 털옷을 입고 있었구나……. 여기는 너무 더우니, 내가 옷 한 벌씩 선물해 줄게."

타임고의 몸통이 열리고 서랍이 스르르 튀어나왔다. 서랍 속에는 옷이 있었다. 두 아이가 옷을 갈아입자, 회오리가 휘도는

왜 고대 이집트에서 문명이 시작되었을까?

고대 이집트 사람들은 가장 먼저 농사를 지었습니다. 그 당시 이집트는 지금처럼 사막이 아니라 초원이었거든요. 농사를 지으니까 여기저기 돌아다니며 먹을 것을 찾아다닐 필요가 없었죠. 농사를 지으며 정착 생활을 하게 되면서 사람들은 일하지 않고 자유롭게 생각하는 시간도 많아졌지요. 그래서 문명이 발전할 수 있었던 겁니다.

구멍이 나타나더니 타임고가 사라졌다.

저만치서 낙타에 물건을 잔뜩 실은 사람들이 아이들 쪽으로 다가오고 있었다. 험악하게 생긴 한 남자가 아이들에게 말했다.

"저리, 비켜! 여기는 우리가 장사할 자리야!"

사람들은 낙타 등에 있던 짐을 내려놓고 누군가를 기다리고 있었다. 잠시 후 낙타에 짐을 가득 실은 한 무리의 사람들이 나타났다. 이들은 낙타 등에 있던 짐을 내려놓고 먼저 온 사람들에게 보여주었다.

"음, 좋은 포도주와 올리브기름이군!"

"우리 것을 보여 주었으니까 당신들이 가져온 물건도 보여 주라고!"

"자, 보라고! 최상급 파피루스야!"

"음, 최상급이 맞군!"

"그럼, 우리가 가져온 파피루스와 당신들이 가져온 포도주와 올리브기름을 교환하자고!"

그런데 포도주와 올리브기름을 가져온 사람들 중에서 우두머리로 보이는 사람이 나섰다.

> **고대 이집트인이 만든 종이, 파피루스**
> 파피루스는 파피루스라는 풀줄기의 섬유로 만든 종이입니다. 약 5,000년 전부터 고대 이집트에서는 나일 강 유역에서 자라는 파피루스라는 풀의 줄기 안쪽을 얇게 벗겨 가로, 세로로 겹쳐 놓고 납작하게 눌러서 파피루스를 만들었습니다. 이 종이에 그림을 그리고 글을 새겼습니다.

"잠깐만! 가만 보니 파피루스의 길이가 약속한 것과는 다르잖아!"

"다르긴 뭐가 달라? 약속한 대로 100큐빗의 파피루스를 가져왔다고!"

"말도 안 돼! 100큐빗이 이렇게 짧다고?"

"새로 바뀐 파라오의 팔 길이가 짧으니까 당연히 100큐빗도 짧아져야지!"

"그렇게 길이의 단위를 당신들 마음대로 바꾸면 어떡해?"

두 무리의 사람들이 싸우는 것을 지켜보던 한 남자가 말했다.

"1큐빗은 파라오(이집트의 왕)의 팔꿈치에서 가운뎃손가락 끝의 길이인데, 파라오가 바뀌었으니 1큐빗의 길이도 달라질

수밖에. 길이의 단위는 변하지 않는 것으로 정해야 해!"

"세상 만물은 변하지. 세상에서 변하지 않는 것은 무얼까? 나 탈레스는 변하지 않는 진리를 탐구할 거야!"

이 말은 들은 지우가 말했다.

"탈레스라면 혹시 수학을 이용해 피라미드의 높이를 잰 사람? 저 아저씨가 탈레스? 탈레스는 고대 그리스 수학자이며 '철학의 아버지'라고 불렸지. 그는 당시 사람들처럼 세상 만물에 대해 '원래 그래' 하고 넘어가거나 '신의 뜻이야' 하고 얼버무리지 않고, 그 원인에 관해 의문을 던진 첫 번째 사람이었어!"

탈레스가 지우에게 말했다.

"내가 피라미드의 높이를 재었다는 걸 아이들까지 알게 되다니! 역시 난 위대해!"

두 아이가 속으로 생각했다.

'자기 자랑을 저렇게 대놓고 하다니! 좀 재밌는 사람이네…….'

탈레스가 계속 말했다.

"변하지 않는 것으로 단위를 정해야 해."

훈이가 말했다.

"음, 변하지 않는 것으로 단위를 정해야겠네요."

"그래. 하지만 세상 만물이 모두 변하고 있다는 게 문제지! 이 세상에서 변하지 않는 유일한 진리는, '변하지 않는 것은 없다'란다. 무엇을 단위로 정하든, 그것을 정하는 자리에 없었던 또 다른 사람들은 그것에 동의하지 않거든. 단위라는 것은 자존심 싸움과 같은 거다. 이 나라 왕이 이렇게 정하면 다른 나라 왕은 또 그것에 반발하거든."

지우는 골똘히 생각에 잠겼다.

'예전에 책에서 본 적이 있어. 1미터는 프랑스 파리를 지나는

> **10리는 몇 킬로미터(km)일까?**
> 노래 '아리랑'을 들어 보지 못한 사람은 없지요? 아리랑에는 '10리도 못 가서 발병난다'는 구절이 나옵니다. 10리가 얼마나 먼 거리이기에 발병이 난다는 걸까요? 10리는 4km예요. 리(里, 마을 리)는 마을을 의미하죠. 옛날 한 마을의 입구와 출구의 거리가 약 400m 정도 되었는데, 그것에서 '리'의 단위가 유래했답니다.

자오선의 북극에서 적도까지 거리의 1,000만 분의 1이라고. 우리가 조금 전에 다녀왔던 프랑스 파리의 그 토론에서 정했던 것 같아.'

지우는 고개를 끄덕이면서 계속 생각했다.

'아, 그래서 그 사람들이 지구를 단위로 했던 거구나. 그래야 누구에게나 공정하고, 누구도 자존심 상하지 않을 테니까. 우리는 지금 아무 생각 없이 단위를 사용하고 있지만, 처음 만들었을 때엔 아주 힘들었을 거야. 서로 손해 보지 않으려 했을 테니까.'

훈이도 생각에 잠기기 시작했다. 훈이의 머리 위로 궁금이가 떠오르고 있었다.

'세상 만물은 모두 변화해. 지구의 크기 역시 변하고 있을 거야. 하지만 한 번 정해진 1미터는 바뀌지 않고 있어. 역시 수학은 변하지 않는 진리야. 과연 수학이 변하는 날이 있을까? 우리가 쓰고 있는 숫자나 단위가 완전히 새로운 것으로 바뀌는 날도 올까?'

훈이가 탈레스에게 말했다.

"우리는 좀 전에 새로운 단위를 정하기 위해 토론하는 사람들을 보았어요. 그 사람들은 모든 인류가 같이 쓸 수 있는 단위를 만들려고 했어요."

> **지구의 크기도 변한다고?**
> 미터법이 정해지고 한참 뒤에 자오선을 다시 정밀하게 측정하니, 원래 잰 것보다 1,700m가량 오차가 났대요. 그러니까 1m의 길이는 실제 자오선의 1,000만 분의 1보다 약간 짧은 셈이죠. 지구의 크기가 오랜 세월 동안 변해서 그런 거지요. 하지만 미터법은 지금도 사용하고 있습니다.

"아주 훌륭한 사람들이구나."

"물론 단위를 통일할 때는 그 나라에서 쓰는 고유의 단위를 버려서는 안 된다고 생각해요. 우리나라 사람들은 미터를 쓰지만 '리'와 '치'라는 단위도 사용하고 있어요. 그런 것을 없애 버린다면, '10리도 못 가서 발병난다'는 노랫말을 아무도 이해할 수 없게 될 거예요. 각 나라의 단위도 인정해 줘야 해요. 그건 그 나라의 전통이니까요."

훈이가 계속 말했다.

"그리고 새로운 단위도 계속 만들어야 한다고 생각해요. 제가 사는 곳에는 마이크로미터나 나노미터라는 단위가 있거든요.

그렇게 작은 단위는 예전에는 필요하지 않았어요. 하지만 사람들이 현미경이나 망원경과 같은 도구를 이용해 더 작거나 큰 것을 것을 볼 수 있게 되면서, 새로운 단위가 필요하게 된 거예요. 그때마다 사람들은 이름을 지어야 했어요. 하지만 혼자 단위를 정해 놓고 아무에게도 말하지 않으면, 그건 단위라고 부르기 어려울 거예요. 많은 사람들이 그 단위를 쓰는 것에 동의해야 쓸모가 있겠죠."

"오, 너도 나처럼 지혜롭구나. 그렇다면 너는 만물의 근원이 뭐라고 생각하니?"

"만물의 근원이요? 글쎄요……."

그러자 지우가 나섰다.

"만물의 근원은 원자가 아닌가요? 물질을 이루는 가장 기본 단위니까요."

"나는 만물의 근원이 물이라고 생각한단다. 이 세상에 생명이 있는 모든 것은 물 없이는 살 수 없으니까. 난 그걸 확인하기 위해 그리스에서 이집트로 왔단다. 사막에는 혹시 물 없이 살아가는 생물이 있는지 알아보고 싶었지. 하지만 이곳에 사는 생물들도 물을 적게 마실 뿐이지, 마찬가지로 물이 없으면 살지 못하더구나."

훈이는 생각했다.

'고대에는 지금처럼 교통이 발달하지 않아서 이동하기가 쉽지 않았을 텐데, 궁금한 것을 알아보기 위해 그리스에서 이집트까지 왔다니 대단한걸! 탈레스는 호기심이 많구나. 호기심을 가지고 탐구한 덕분에 만물의 근원을 생각해내고, 그가 탐구한 것들을 후세 사람들이 더 발전시킬 수 있었을지도 몰라.'

탈레스가 계속 말했다.

"물은 액체도 되고 고체도 되고 기체도 될 수 있지. 그러니까, 물은 무엇으로든 변할 수 있을 거야."

이야기가 길어질 것 같자 지우가 말했다.

"물 이야기를 하시니까 목이 마르네요. 아저씨, 물 좀 주세요!"

훈이가 말했다.

> **물이 없어도 살 수 있을까?**
>
> 실제로, 물 없이 오랫동안 견딜 수 있는 생물은 있어도 물 없이 살 수 있는 생물은 없어요. 미생물 중에는 아주 높은 온도나 아주 낮은 온도에서 사는 생물도 있고, 산소 없이 사는 미생물도 있죠. 철이나 황을 먹고 사는 미생물도 있죠. 하지만 물은 모든 생명체에 반드시 필요합니다. 최소한 우리가 알고 있는 생물에 한해서는 말이죠. 외계 어딘가에 물 없이 사는 생물이 있을지도 모르지만요.

틀렸다고 해서 의미가 없는 것은 아냐!

탈레스는 만물의 근원을 물이라고 생각했어요. 우리는 이미 원자와 분자의 개념을 알고 있어서 그건 틀린 생각이죠. 하지만 탈레스는 신화적인 개념을 벗어나서 만물의 기원을 '물질'이라고 생각했던 최초의 사람이에요. 후세 사람들이 만물이 원자로 이루어져 있다고 생각하게 된 것도, 거슬러 올라가면 탈레스의 영향을 받은 것이죠.

"배도 고파요. 우리한테 먹을 것도 좀 주세요. 그리고 오늘 밤 잠자리도 필요해요."

지팡이 하나로 피라미드의 높이를 재라

훈이와 지우는 탈레스의 집에 왔다. 탈레스가 건네준 빵과 우유를 먹으니 졸음이 몰려왔다. 두 아이의 위해 잠자리를 마련해 준 탈레스가 말했다.

"세상에 공짜는 없다! 먹을 것에다 잠자리까지 제공해 주었으니, 내일은 나랑 같이 파라미드의 높이를 재어 보자!"

그러자 훈이가 말했다.

"우리는 내일 집에 돌아가고 싶어요!"

지우가 말했다.

"집에 돌아가고 싶어요. 집으로 돌아가서 수학자들에 대한 책을 읽고 발표 내용을 준비해야 한다고요!"

"그렇다면 잘되었구나. 나에 대해 발표하면 되겠구나! 나라는 수학자는 말이지……"

훈이가 이불 속으로 몸을 숨기며 생각했다.

'저 아저씨가 또 자화자찬을 시작하시겠구나. 어서 빨리 잠이

학자와 장사꾼으로서 재능을 타고난 탈레스

탈레스는 뛰어난 머리와 수학적 지식을 이용해 장사를 잘했던 것으로도 유명합니다. 그는 수학적인 계산으로 풍년을 예측하고는 올리브기름을 짜는 기계를 사들여서 큰돈을 벌기도 했어요. 이를 두고 아리스토텔레스는 후대에 "학자는 마음만 먹으면 부자가 될 수 있다. 하지만 탈레스는 학자의 목적은 부자가 되는 데 있지 않다는 것을 세상 사람들에게 가르쳐주었다"라고 말했답니다.

나 자야겠다……."

아침이 밝았다. 탈레스가 피라미드를 가리키며 말했다.

"점심시간까지 저기 보이는 피라미드의 높이를 정확히 맞혀 봐. 조금이라도 틀리면 안 돼."

훈이는 웬만한 고층 아파트보다 높아 보이는 피라미드를 올려다보았다. 피라미드는 거대한 산과 같았다. 얼마나 거대한지 꼭대기의 끝이 잘 보이지 않았다. 피라미드의 주위를 빙빙 맴돌며 유심히 살펴보던 훈이가 말했다.

> **피라미드의 높이는 어느 정도일까?**
> 가장 큰 것은 기제에 있는 체옵스 피라미드인데, 높이가 146.6미터랍니다.

"돌의 크기가 모두 비슷해 보이네요. 그러니까, 돌의 수를 세어 보면 되지 않을까요? 그래서 돌 하나의 높이에다 돌이 쌓여 있는 층수를 곱하면 되지 않나요?"

"오, 곱셈식도 이용할 줄 알고, 제법이구나! 하지만 돌의 크기가 모두 정확하게 같지는 않지. 그러니 헛고생하지 말라고!"

훈이는 피라미드의 돌을 유심히 살펴보았다. 정말로 돌의 크기가 조금씩 다른 것 같았다. 아무리 쳐다봐도 도무지 좋은 방법이 떠오르지 않자 훈이가 말했다.

"자도 없는데, 피라미드의 높이를 무슨 수로 구할 수 있겠어요? 그러지 말고 힌트라도 좀 주세요!"

지우가 말했다.

"줄자라도 있으면 주세요."

"줄자가 왜 필요한데? 줄자로 잰다고 해도 대각선의 길이를 잴 수밖에 없어. 높이를 잴 수는 없다고!"

"그럼, 어떻게 높이를 잴 수 있나요? 아무도 피라미드 안으로 들어갈 수가 없는데!"

훈이는 깊은 생각에 빠지기 시작했다. 훈이의 머리 위로 궁금이가 나타났다.

'독일에서 만났던 가우스가 말했지. 아무리 복잡한 문제도 체계적으로 생각하면 아주 단순하고 쉬운 해결 방법이 있다고 했어. 가우스는 1부터 100까지 더하는 아주 쉬운 방법을 생각해냈어. 그러니까, 이 문제도 오히려 단순하게 생각하면 아주 간단하게 문제를 풀 수 있을 거야.'

점심시간이 지나고 한참이나 생각에 잠겨 있을 때였다. 탈레스가 짚고 있던 지팡이가 훈이의 눈에 들어왔다. 지팡이가 만들어낸 그림자도 보였다. 훈이는 눈을 돌려 피라미드를 바라보았다. 피라미드 역시 그림자를 만들어내고 있었다.

"그림자를 이용하면 되지 않을까요?"

탈레스가 속으로 생각했다.

'그림자를 생각해내다니 제법인데! 점심시간도 지났는데 배고플 테니, 힌트를 좀 줘 볼까?'

탈레스가 미소를 지으며 말했다.

"도형의 닮음의 성질을 이용해 볼까?"

탈레스는 지팡이를 모래에 꽂아 세웠다. 지팡이의 그림자도 피라미드의 그림자가 늘어진 방향으로 똑같이 길게 늘어나 있었다. 훈이가 말했다.

"지팡이의 길이와 그림자의 길이는 다른데요."

"물론 지팡이와 그림자의 길이는 다르지. 피라미드의 높이와 그 그림자의 길이도 다르지. 하지만 그 비율은 같아."

탈레스가 계속 말했다.

"그림자는 해의 움직임에 따라 길어지거나 짧아지지만, 어떤 물체든 똑같은 비율로 늘어난단 말이다."

그러자 훈이가 무릎을 탁 치며 말했다.

"그러니까, 지팡이의 길이와 그림자 길이의 비율은 피라미드의 실제 높이와 그림자의 비율과 같겠군요!"

"이를테면, 지팡이의 길이가 3큐빗이고, 그림자의 길이가 6

큐빗이라고 해 봐라. 그러면 그림자의 길이가 꼭 두 배지? 자, 이번에는 피라미드 그림자의 길이가 10,000큐빗이라고 해 보자. 그러면 피라미드의 높이는 그 반인 5,000큐빗이겠지. 지팡이와 그림자의 비율만 알면 피라미드의 높이도 알 수 있지!"

지팡이의 길이 : 지팡이 그림자의 길이 =
피라미드의 높이 : 피라미드 그림자의 길이

$$피라미드의\ 높이 = \frac{피라미드\ 그림자의\ 길이 \times 지팡이의\ 길이}{지팡이\ 그림자의\ 길이}$$

훈이가 고개를 끄덕였다.

'맞아. 내가 좋아하는 건담 프라모델도 100 대 1 사이즈라든

가 500 대 1 사이즈 같은 비율이 있지. 비율을 알면 원래 크기도 알 수 있어.'

"그렇군요. 지팡이와 그림자의 길이만 재면 되겠네요."

> **탈레스의 지팡이와 당나귀**
>
> 탈레스가 지팡이 하나로 피라미드의 높이를 잰 일화는 너무나 유명합니다. 그리고 꾀부리는 당나귀의 등에 솜을 실어 혼내 준 일화도 유명합니다. 그래서 탈레스 하면 지팡이와 당나귀를 떠올리는 사람이 많습니다.

훈이와 지우는 빵과 우유를 먹으니 배가 불렀다. 어느덧 해가 뉘엿뉘엿 기울었다.

'또 하루가 지나가는구나. 오늘이 시간여행을 한 지 며칠째지?'

'부모님이 얼마나 걱정하고 계실까?'

집 생각이 나서 서글퍼지기 시작할 때쯤이었다. 또다시 타임고가 나타났다.

4장

생활 속에서 대칭은 왜 필요할까?

모든 건물은 대칭 구조일까?

타임고가 사라지자 훈이와 지우의 눈에는 근대 유럽의 수도원이 눈에 들어왔다. 훈이는 좀 전에 타임고의 머리에 나타난 '1655년'을 떠올렸다.

'1655년이면 근대인가?'

수도원의 건물 안으로 들어서자 1층의 왼쪽 구석에 방이 두 개 보였다. 훈이는 방으로 다가가 문을 열어 보았다. 두 방 모두 문이 열리지 않았다.

1층에는 아무도 없는 것 같아서 훈이와 지우는 계단을 통해 2층으로 올라갔다. 2층의 왼쪽 구석에도 방이 두 개 보였다. 하나의 방문이 빼꼼히 열려 있었다. 호기심이 일어난 훈이는 방으로 들어가려 했다.

그때였다. 훈이의 눈앞에 수도복을 입은 삼십대 남자가 나타났다. 남자는 이마가 넓고 곱슬머리였다. 훈이와 지우를 남자가 놀란 눈으로 쳐다보며 말했다.

"너희는 여기에 어떻게 들어 왔니? 복장은 또 그게 뭐니? 고대인들이 입었던 옷 같은데……."

자신들이 아직도 고대 이집트 옷을 입고 있다고 깨달은 훈이가 외쳤다.

"타임고!"

"타임고? 그건 또 뭐니? 너희는 어디서 왔니? 혹시 신이 보내신 천사가 아니니? 역시 신이 존재하셨어!"

훈이는 잔뜩 기대에 찬 남자의 얼굴을 바라보며 말했다.

"그동안 열심히 기도하셔서 신이 우리를 아저씨한테 보내셨죠."

훈이가 장난을 치고 있다고 눈치 챈 지우가 나섰다.

"농담이에요. 저희는 먼 나라에서 온 평범한 아이들이에요."

남자가 실망한 얼굴을 하며 말했다.

"아, 좋다 말았구나……."

훈이는 책상에 쌓여 있는 복잡한 수식이 적힌 종이들과 건축 설계도를 쳐다보며 물었다.

"그런데 아저씨도 수학자죠? 아니, 철학자인가요?"

남자가 숱이 많지 않은 곱슬머리를 휘날리며 말했다.

"너희 눈에도 내가 수학자 같아 보이니? 그런데 내가 수학자인 걸 어떻게 알았니?"

훈이는 그동안 가우스와 탈레스 등 수학자를 만난 일을 떠올리며 말했다.

"오랜 경험에서 우러나오는 지혜죠."

"그럼 너도 귀납법을 아니?"

"귀납법이 뭐죠?"

"방금 네가 말한 논리를 귀납법이라고 한단다. 계속 같은 일이 일어나면, 다음에도 같은 일이 일어날 거라고 예상하는 거지."

남자는 말했다.

"그래, 사람들은 나를 수학자 또는 철학자라고 부르기도 한단다. 하지만 수학자니 철학자니 부르는 것은 사람을 제대로 부르는 것이 아니야. 나는 그보다는 '교양 있는 사람'이라고 불리기를 원한단다. 그리고 누구나 무슨 직업으로 불리기보다는 먼저 '교양 있는 사람'으로 불려야 하지."

남자는 계속 말했다.

"그리고 교양 있는 사람은 사람을 직업으로 평가하지 않는단다."

남자는 잠깐 생각하더니 중얼거렸다.

"이 말은 좀 멋진데! 책에 넣는 게 좋겠구나."

그는 펜에 잉크를 찍더니 열심히 휘갈겨 쓰기 시작했다.

지우가 물었다.

"이름이 어떻게 되세요?

"블레즈 파스칼이라고 한다."

지우가 속으로 생각했다.

'아, 그래서 귀납법을 이야기한 거구나……. 우리가 지금 역사의 현장에 와 있는 건가?'

"저는 훈이라고 해요."

지우가 책상에 쌓여 있는 복잡한 수식이 적힌 종이들과 건축 설계도를 가리키며 물었다.

"저는 지우라고 해요. 그런데 뭐하고 계셨던 거죠?"

파스칼은 건축 설계도를 집어 들면서 말했다.

"수도원을 증축한다고 해서 설계도를 좀 들여다보고 있었다. 나는 예전에 기하학을 공부한 적이 있었으니까."

훈이는 설계도를 유심히 들여다보았다.

"이건 종이 낭비예요."

"왜 그렇게 생각하니?"

"건물의 좌우가 완전히 같잖아요. 이러면 반대쪽은 굳이 그리지 않아도 되잖아요."

설계도를 내려다보던 파스칼이 웃었다.

"그러고 보니 그렇구나. 이 수도원은 좌우의 모양이 완전히 같지. 이 수도원은 대칭을 중요하게 생각하거든."

> **대칭의 아름다움, 데칼코마니**
> 듬뿍 칠한 물감 위에 종이를 덮어 눌러 찍어내는 놀이를 데칼코마니라고 합니다. 접는 방향이나 칠해진 물감의 양, 누르는 방향이나 힘에 따라 재미있는 표현을 할 수 있어요.

지우가 물었다.

"왜 이 수도원은 대칭을 중요하게 생각하죠?"

잠시 생각하다가 파스칼이 말했다.

"너희는 내 방을 어떻게 찾았니?"

파스칼의 갑작스러운 질문에 지우가 조금 당황했다.

"그냥 문이 열려 있어서 들어온 거예요."

"이쪽에 방이 있다는 건 어떻게 알았니?"

그러자 훈이가 나섰다.

"아래층부터 살펴보았는데, 이 부근에 방이 있었거든요. 그러니까 위층에도 같은 곳에 방이 있을 거라고 생각했죠."

"오, 지혜롭구나. 네가 그렇게 추론한 건 아래층과 위층의 구조가 대칭이기 때문이란다."

"아하, 그렇군요. 대칭이라는 건 일종의 규칙성이군요. 건물이 규칙을 갖고 있다면, 한 층만 돌아보아도 다음 층에 뭐가 있는지 알 수 있으니까, 헤매는 일이 없겠네요."

훈이는 생각에 잠겼다.

'아파트는 대칭으로 집들을 배치하지. 호수만 알면 집을 찾아갈 수 있지.'

훈이는 설계도를 들여다보며 말했다.

"이렇게까지 좌우를 똑같이 만들어야 할 이유가 있을까요? 창문 모양 같은 건 달라도 상관없잖아요."

"넌 바로크주의자니?"

"바로크주의자가 뭐죠?"

"자유주의자들이지."

파스칼이 탁자 서랍에서 두 종류의 건축 설계도를 보여주었다. 하나는 직선적이고 좌우가 정확히 대칭인 성당, 또 하나는 둥글둥글하고 장식이 많은 성당의 설계도였다.

"옛 사람들은 규칙적이고 똑바른 건물을 좋아했지. 세상을 변하지 않고, 영원하고, 안정된 것이라고 생각했어. 하지만 요즘 바로크주의자들은 세상 만물이 변화한다고 생각한단다. 옛 사람들이 엄격한 형식과 규칙을 사랑했다면, 바로크주의자들은 자유를 사랑하지. 그들의 작품은 정형성에서 벗어나 있어."

"사람의 생각에 따라 집 모양이 바뀐다는 건가요?"

"그뿐 아니라 아름다움의 기준도 바뀐단다. 어떤 사람들은 바로크를 제멋대로라고 싫어하지만, 그건 그들의 기준에 맞지 않을 뿐이지. 마찬가지로 또 다른 사람들은 고전주의 양식이 지루하고 재미없다고 싫어하지만, 역시 그들의 기준일 뿐이란다."

"저는 미인은 누가 봐도 미인이라고 생각했는데! 하긴, '제 눈에 안경'이라는 말이 괜히 있는 게 아니죠. 우리 엄마는 제 얼굴에 난 여드름이 그렇게 예쁘다고 하니까요! 옛날에는 뚱뚱한 사람이 미인으로 통하기도 했죠? 사고방식에 따라 미의 기준이 바뀌는 것 같아요."

훈이가 물었다.

"그런데 아저씨는 수도사인가요? 왜 여기에 계시는 건가요?"

"수도사는 아니란다. 신학 공부를 위해 잠깐 와 있단다."

"왜 신학을 공부하죠?"

제멋대로의 미학, 바로크 양식

바로크 양식은 처음에는 '불규칙하고, 제멋대로고, 기괴하다'라는 비난을 받았지만, 결국 17세기를 지배했던 예술로서 거대하고 웅장한 것이 특징입니다. 프랑스의 베르샤유 궁전이 대표적이죠. 그 뒤를 이은 것이 극단적인 화려함을 추구하는 18세기의 로코코 양식입니다.

"신앙이란 일종의 도박이지. 사람의 이성으로는 신이 있는지 없는지 증명할 수 없거든. 하지만 만약 도박을 할 거라면, 신이 있는 쪽에 거는 게 좋아. 그러니까, 신이 있는 쪽에 건 사람은 밑져야 본전이지만, 없는 쪽에 건 사람은 나중에 신이 있다는 걸 알게 되면 문제가 커지잖아?"

"그럴 수도 있겠군요."

"방금 한 말은 명언이 되겠구나! 책에 꼭 넣어야겠다!"

지우가 물었다.

"아저씨는 무슨 책을 쓰고 계세요?"

"『그리스도교의 변증론』이라는 책을 쓰고 있단다. 아직은 초안일 뿐이지만."

지우가 속으로 생각했다.

'파스칼이 쓴 『팡세』라는 책 이름은 들어 봤는데, 이 책은 유명한 책은 아닌가 봐.'

파스칼이 두 아이에게 물었다.

"그런데, 너희는 먼 나라에서 왔다고 했지? 부모님 없이 너희끼리만 여행 온 거니?"

훈이가 대답했다.

"어쩌다 보니 그렇게 되었어요……."

> **확률에 너무 흠뻑 빠져도 문제!**
> 파스칼은 세계 최초의 기계식 계산기를 만든 사람이랍니다. 그리고 확률 계산을 창시한 사람이기도 해요. 하지만 그는 확률에 너무 깊이 빠진 나머지 젊은 시절에 도박에 빠져서 젊음을 허비하기도 했었죠.

그러고 보니 부모님 생각이 났다.

'나는 며칠째 집에 들어가지 않은 걸까? 부모님이 걱정하고 계신 것은 아닐까?'

파스칼이 진지한 표정으로 말했다.

"인간은 생각하기 위해 만들어진 존재지. 하지만 심심풀이 역시 그만큼이나 중요하단다. 생각해 봐라. 사람이 심심풀이로 뭔가를 하지 않는다면, 그 사람은 권태로 정신을 망가트리고 말 거야. 심심풀이가 없다면 어떤 일에도 열심일 수가 없단다."

"흠, 동의해요."

"왕이라고 해도 심심풀이가 없다면 비참한 인간에 불과할 거다. 사람은 공 하나를 쫓기에 열중하기도 하지. 그건 왕후의 즐거움에 비견될 수 있단다. 학자들은 가끔 민중을 비웃지. 민중이 공부보다는 심심풀이를 택한다고 말이다. 하지만 어떤 이유에서는 그들이 올바른 것이란다."

파스칼이 계속 말했다.

"시간을 헛되이 쓰라는 말이 아니란다. 일주일을 헛되이 보내면 백 년도 헛되이 보내겠지. 일주일을 포기하는 것은 전 생애를 포기하는 것과 같단다. 하지만 자신의 심심풀이가 소중하다는 것 역시 잊으면 안 된단다. 하찮은 것에 열중한다는 점에서, 민중은 때로 어떤 의미에서는 학자보다도 현명하단다."

그는 미소를 지으며 말했다.

"이 말도 멋지구나! 책에 넣어야겠다."

대칭의 미학, 인도의 타지마할 궁전

난 대칭이 좋아. 대칭인 건물은 마음을 편안하게 해 주고 안정된 기분을 느끼게 해. 그리고 나는 규칙을 갖고 있는 것이 아름답다고 생각해. 만약 집의 벽지가 규칙적인 무늬 없이 전부 다른 그림으로 그려져 있다고 생각해 봐. 아마 정신이 사나워서 잠도 못 잘 거야. 그리고 많은 건물을 대칭으로 짓는 건 우연이 아니라고 생각해. 사람도, 꽃잎도, 나비도, 많은 생물들은 가만 보면 좌우로 대칭이야. 타지마할을 봐. 좌우가 똑같은 것은 물론이고, 물에 비친 모습까지 상하의 대칭을 보여 주잖아. 물에 비친 것을 보면 아름답게 느껴지지 않아?

비대칭의 미학, 모스크바의 성 바실리 사원

굳이 모든 것을 대칭으로 할 필요가 있을까? 나무들이 잔뜩 모여 있는 것을 보면 제멋대로 마구 자라고 있잖아. 하지만 그 제멋대로 자란 모습이 멋지잖아! 그리고 굳이 좌우대칭으로 뭘 만들어야 한다는 건 너무 답답하지 않아? 사람은 얼마든지 자유롭게 뭘 만들 수 있다고 생각해!

대칭으로 미로의 출구를 찾아라

아이들과 파스칼은 수도원의 3층에 도착했다. 1층과 2층과 달리 3층은 여러 개의 방으로 이루어져 있었는데, 방은 모두 육각형이었고, 책이 빼곡히 꽂힌 책장으로 둘러싸여 있었다. 모든 방에는 여섯 개의 문이 있었는데, 훈이는 문을 하나씩 지날 때마다 또다시 계속 같은 자리로 돌아오는 것 같았다.

"계속 같은 곳으로 돌아오는 것 같아요. 어느 방이나 다 똑같이 생겼어요."

"3층은 미로처럼 되어 있지."

"미로라고요?"

"미로를 어떻게 만드는 줄 아니? 모든 길과 모든 방과 방향을 비슷비슷하게 만들지. 그래서 이곳이 한 번 지나왔던 곳인지, 처음 오는 곳인지, 제자리로 돌아왔는지, 멀리 갔는지 알아낼 수 없게 만든단다. 사방을 비슷하게 만들면 방향이 더욱 헷갈리지."

훈이가 생각났다는 듯이 말했다.

"대칭을 이용한 거군요."

지우가 말했다.

"저는 강남역만 가면 길을 잃어요. 강남역 지하상가에는 모두 여덟 개의 통로가 있는데, 이 통로들이 지하철 출구에서 비슷한 위치에 원형으로 배치되어 있거든요. 어디로 가든 비슷하게 생겼어요. 그래서 번호와 표지판을 보지 않으면 내가 어디로 가고 있는지 계속 헷갈리는 거죠."

파스칼이 말했다.

강남역 지하상가의 대칭 구조

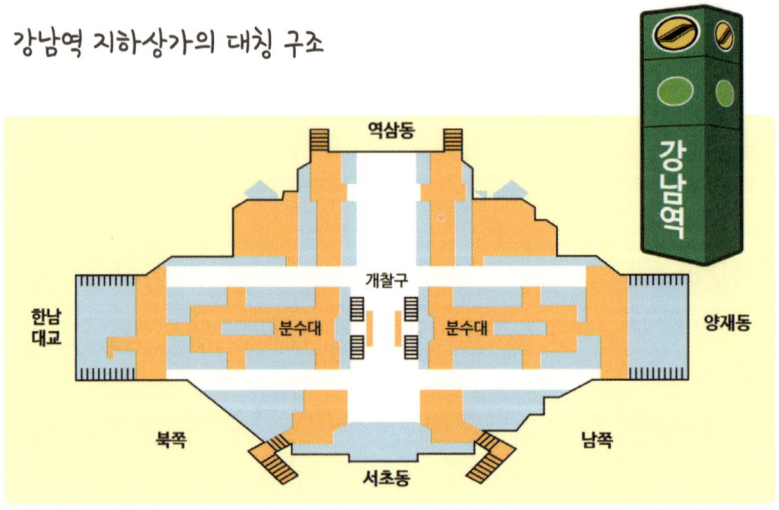

"강남역이 어디인지는 모르겠지만, 네 말이 무슨 뜻인지는 알겠다."

"무슨 뜻인지 아는 건 좋지만 여기서 나가야 하지 않을까요? 화장실도 가야 하고 배도 고파요."

"미로에서 빠져나가는 좋은 방법은, 그 장소의 '다른 점'을 찾는 거지. 만약 다른 점이 없다면 직접 만들면 된단다."

"어떻게 만들면 되죠?"

"나중에 와도 알아볼 수 있는 표시를 해 놓는 거지. 저기를 봐라."

파스칼이 가리킨 곳을 쳐다보니, 문 바로 옆에 조그맣게 글씨가 씌어 있었다.

① 머리가 하나도 없는 사람은 대머리다.

② 머리카락이 하나밖에 없는 사람도 대머리다.

③ 머리카락이 하나밖에 없는 사람은 머리카락 하나가 늘어나도 대머리다.

④ 결론적으로 모든 사람은 대머리다.

"뭐가 이상한데요."

"뭐가 이상하지?"

"1번에서 3번까지는 이해가 가요. 하지만 4번은 맞지 않잖아요?"

"그럼 어디가 잘못되었는지 알 수 있겠니?"

훈이는 고민에 잠겼다.

"잘 모르겠어요. 하지만 어쨌든 잘못된 말 같아요."

"이런 것을 수학적 귀납법이라고 한단다."

어떤 조건이

$n=1$일 때 성립하고

$n=k$일 때 성립한다면

n이 $k+1$일 때도 성립한다면

모든 자연수에 대해서 성립한다.

"수학적 귀납법은 내가 만들었지."

"아저씨가 만들었다고요?"

"그래, 내가 만들었지! 너는 1부터 100까지의 합을 30초 만에 구할 수 있니?"

훈이는 가우스를 떠올렸다.

"그럼요!"

"수학적 귀납법을 이용하면 1부터 100까지의 합을 쉽게 구할 수 있지. 1과 100을 더하면 101이 되고, 2와 99를 더하면 101이 된다면, 그 다음에도 계속 101이 될 거라고 추론할 수 있어. 수학에서는 옳은 규칙이지."

파스칼은 머리를 긁적였다.

"하지만 일상생활에서는 옳지 않은 경우가 많아. 왜 그럴까?"

훈이가 생각에 잠기자 머리 위로 궁금이가 두둥실 떠올랐다. 훈이는 문 옆에 씌어 있는 글씨들을 가리키며 말했다.

"대머리에 대한 이 정의는 수학적인 정의가 아닌 것 같아요. '머리카락 몇 가닥부터 대머리다'라고 정의해 놓은 건 없으니까요. 그건 애매한 기준이죠. 아예 머리카락이 없는 사람도 대머리고, 머리가 조금 벗겨진 사람도 대머리인 건 마찬가지니까요."

파스칼은 고개를 끄덕였다.

"까마귀는 검은색이지. 지금까지의 경험을 총동원해서 생각해 보면 모든 까마귀는 검은색이지. 하지만 세상 어딘가에 아무도 찾아내지 못한 하얀색 까마귀가 있을 가능성은 언제든 있지. 그래서 일상생활에서 귀납법이 틀릴 때가 많단다."

파스칼은 말을 이었다.

"자, 오류가 있는 말이 적혀 있으니, 이 문은 나가는 문이 아니겠구나."

훈이는 문 옆에 씌어 있는 글씨들을 가리키며 말했다.

"설마 이 글씨들은 아저씨가 쓴 거예요?"

"내가 써 놓았단다. 나도 전에 여기서 길을 잃은 적이 있어서, 낙서를 좀 하고 놀았거든. 잘못된 길에는 이렇게 오류가 있는 문장을 적어 놓았지."

파스칼이 웃으며 말했다. 다음 문에는 다음과 같이 씌어 있었다.

눈먼 사람은 점자를 배워야 글을 읽는다.
사랑에 빠지면 눈이 먼다.
사랑에 빠진 사람은 점자를 배워야 글을 읽을 수 있다.

이번에는 지우가 말했다.

"응? 이것도 뭔가 이상한데요. 눈이 멀다는 말이 두 가지 뜻으로 쓰인 거예요. 첫 문장의 눈이 멀다와 두 번째 문장의 눈이 멀다는 뜻이 달라요."

"네 말이 맞다. 하지만 사람들은 이런 식의 오류를 자주 일으킨단다. 결론이 왜 틀렸는지도 모르는 거지. 다음 문으로 가 볼까?"

파스칼과 아이들은 다음 문으로 이동했다. 그 문에는 다음과 같이 씌어 있었다.

철이라는 이름을 가진 사람들은 남자다.
남자들은 결혼하면 남편이 된다.
철이라는 이름을 가진 사람들은 결혼하면 남편이 된다.

"음, 그럴 수도 있겠네요."

"그럴 수도 있다는 건 옳지 않을 수도 있다는 말이지. 뭔가 문제가 있는 것 같지는 않니?"

훈이가 생각에 잠기자 궁금이의 덩치가 더욱 커졌다.

"이 논법은 틀렸어요. 우리 반에는 '한철'이라는 아이가 있는데, 여자아이예요. 철이라는 이름을 가진 사람 중에는 남자가 아닌 사람도 있을 테니까요. 그러니까, 전제가 잘못되어 있는 거예요. 그러니 결론도 틀리는 거죠."

"그렇군. 이 문으로는 지나가지 않는 게 좋겠구나."

아이들과 파스칼은 다음 문으로 이동했다. 다음 문에는 이렇게 씌어 있었다.

나는 치킨을 자주 먹는다.
치킨은 열량이 높다.
그러므로 나는 스트레스를 받으면 안 된다.

"이것도 틀렸어요."

훈이가 말했다.

"결론이 앞의 전제와 아무 관련이 없잖아요. 치킨과 스트레스가 무슨 관계가 있어요?"

파스칼이 말했다.

"이건 쉬운 예에 불과하지. 하지만 사람들은 이런 식의 오류를 자주 일으킨단다. 언어는 배치에 따라 그 의미가 달라지고, 의미는 배치에 따라 효과가 달라지지. 이 문장을 보겠니?"

파스칼은 주머니에서 펜을 꺼내어 다음 문에 글씨들을 쓰기 시작했다.

우리는 수도승들에게 무례하게 행동해서는 안 된다.

훈이는 문장을 유심히 들여다보았다.
"아무 문제도 없어 보이는데요."
"너는 이 문장에 두 개의 따옴표를 사용해서 전혀 다른 뜻으로 만들 수 있겠니?"
"글쎄요. 잘 모르겠는데요……."
"그럼 이렇게 하면 어떤 뜻이 될까?"
파스칼은 다음과 같이 따옴표를 넣었다.

우리는 '수도승들에게' 무례하게 행동해서는 안 된다.

훈이가 말했다.

"같은 뜻이잖아요."

"그래, 같은 뜻이지. 하지만 만약 네가 첫 문장을 보지 않고 처음 이 문장을 읽었다면, 어떻게 해석했겠니?"

훈이는 잠시 팔짱을 끼고 고민했다.

"수도승에게는 무례하게 행동해서는 안 되지만, 수도승이 아닌 사람에게는 그래도 된다는 것처럼 읽혀요. 이것 참 희한한데요."

"그렇지? 그럼 이 문장은 어떤 의미 같니?"

파스칼은 다음과 같이 따옴표를 넣었다.

우리는 수도승들에게 무례하게 '행동해서는' 안 된다.

훈이가 말했다.

"행동하는 것만 안 된다는 말로 들려요. 무례하게 말하거나 생각하는 것은 괜찮은 것 같고요."

파스칼은 다음과 같이 따옴표를 넣었다.

'우리는' 수도승들에게 무례하게 행동해서는 안 된다.

"이건 우리가 아니라 다른 사람들은 무례하게 행동해도 된다는 말로 들리는군요. 정말 희한하네요! 따옴표 하나로 완전히 다른 내용이 되어 버려요. 처음에 말한 사람은 전혀 그런 뜻이 아니었을 텐데요."

"같은 말이라도 배치에 따라서 완전히 다른 뜻이 된단다. 이런 식으로 똑같은 말을 완전히 다르게 전할 수 있지. 거짓말을 하는 것이 아니라 왜곡을 하는 거란다. 사람들은 가끔 의도적으로 글씨나 문장을 한두 개쯤 크게 쓰거나, 따옴표 하나를 붙여서 같은 내용을 완전히 다른 내용으로 전달한단다. 이렇게 어느 한 부분을 강조해서 다른 뜻이 전달되는 것을 '강조의 오류'라고 한단다. 그러니 말을 할 때에도 주의해야 하고, 다른 사람의 말을 들을 때에도 깊이 생각해야 하지."

파스칼과 아이들은 마지막 문에 도착했다. 문에는 새같이 생긴 그림이 그려져 있었다.

"이 그림은 토끼일 수도 있다."

"에이, 이게 어디로 봐서 토끼예요. 새같이 생겼구만."

"과연 그럴까? 그림을 다른 각도에서 보면 다를 걸……."

파스칼이 피식 웃자 훈이는 유심히 그림을 들여다보다가 물

구나무서기를 해 보았다.

"아하, 거꾸로 보니 토끼네요!"

훈이는 생각했다.

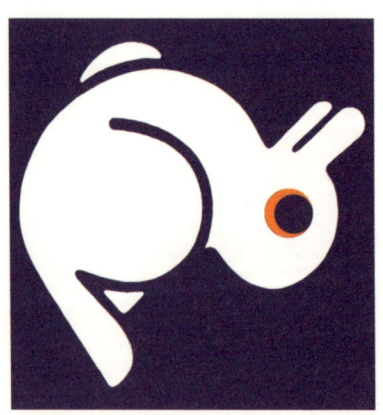

'이것 참 신기한데. 거꾸로 보니까 같은 그림이 완전히 다르게 보이네. 어째서일까? 똑같은 그림인데!'

훈이는 계속 생각했다.

'이래서 어른들이 늘 거꾸로 생각해 봐라. 뒤집어서 생각해 봐라, 하는 거구나. 뒤집어 보면 완전히 다르게 보이니까. 항상 다른 사람 입장에서 생각해 보라는 말도 그런 의미일까?'

훈이가 큰 소리로 말했다.

"똑같은 것도 뒤집어 보면 완전히 다르게 보이는군요!"

파스칼이 미소 지으며 말했다.

"그래, 중요한 걸 깨달았구나. 이 문으로 나가면 길을 찾을 수 있겠구나!"

인간은 생각하는 갈대

수도원의 3층을 빠져나온 파스칼과 아이들은 수도원 출입문 앞에 서 있었다. 파스칼이 저만치 보이는 언덕을 가리키며 말했다.

"저 언덕만 넘으면 마을이 나올 거다. 그 마을에 가면 내 친구가 있는데, 너희를 챙겨 달라고 부탁해 놓았단다. 가서 맛있는 저녁을 먹으렴."

저녁노을이 아름답게 물들기 시작한 언덕을 바라보며 훈이는 생각했다.

'저녁노을이 물들 때가 아름다울까, 아침 해가 떠오를 때가 아름다울까? 아름다움의 기준도 생각에 따라 달라질 수 있지. 안정과 변하지 않는 것을 추구하던 사람들은 좌우대칭에 규칙적인 것이 아름답다고 생각했고, 변하는 것과 자유로운 것을 추구하던 사람들은 불규칙한 것이 아름답다고 생각했지. 생각이 바뀔 경우엔 아름답다고 느끼는 대상도 바뀌는 것 같구나. 그리고

수학에 대한 생각이 바뀌니까 수학이 좀 재미있는 것 같네.'

훈이가 말했다.

"사람의 생각은 계속 변하고 있으니까. 어쩌면 나이가 들면 지금 아름답다고 느끼는 것도 나중에는 왜 아름답다고 느끼는지 이해할 수 없게 될지도 모르겠어요. 그때 가면 지금 아름답지 않다고 느끼는 것도 아름답다고 느낄 수도 있고요. 그건 내 생각이 예전에 잘못되어서가 아니라, 다른 방식으로 생각할 수 있게 되었기 때문일 거예요."

파스칼이 훈이의 머리를 쓰다듬으며 말했다.

"너도 크면 철학자가 될 수 있을 것 같구나."

파스칼은 훈이에게 종이 한 장을 건네주었다.

"잘 가라. 그리고 이건 내가 주는 선물이다. 내가 책에 넣으려는 문구란다."

파스칼이 수도원 안으로 사라진 뒤에, 훈이와 지우는 종이에 적힌 글을 읽어보았다.

인간은 자연에서 가장 연약한 한 줄기 갈대일 뿐이다.
그러나 그는 생각하는 갈대다.

그를 박살내기 위해 전 우주가 무장할 필요가 없다.

한 번 뿜은 증기, 한 방울의 물이면 그를 죽이기에 충분하다.

그러나 우주가 그를 박살낸다 해도 인간은 그를 죽이는 것보다 더 고귀할 것이다.

인간은 자기가 죽는다는 것을, 그리고 우주가 자기보다 우월하다는 것을 알기 때문이다.

우주는 아무것도 모른다.

5장

표와 그래프는 생활 속에서 왜 필요할까?

천장의 격자무늬에서 발견한 좌표

수학나라로 돌아온 파스칼이 말했다.

"'인간은 생각하는 갈대'라는 말……. 다시 생각해도 이 말은 너무 명언이야!"

그러자 데카르트가 나섰다.

"내가 남긴 명언, '나는 생각한다. 그러므로 존재한다'가 더 유명한 명언이라고!"

파스칼과 데카르트가 옥신각신하자 수학나라의 대통령 가우스가 중재에 나섰다.

"자, 말싸움은 이제 그만! 말싸움 말고 누가 더 잘 가르치는지 겨루는 건 어때?"

데카르트가 기다렸다는 듯이 말했다.

"그래, 이번엔 내가 나서지! 내가 더 잘 가르친다는 걸 확실히 보여 줄 거야! 타임고!"

훈이와 지우는 타임고와 함께 눈이 내리는 거리에 도착했다.

'여긴 또 어디지?'

훈이는 타임고의 머리에 나타난 '1650년'을 바라보면서 말했다.

"타임고, 여긴 너무 추운데 갈아입을 옷 좀 줘!"

타임고의 몸이 열리며 서랍이 스르륵 튀어나왔다. 서랍 속에는 그 시절에 유럽 아이들이 입었던 겨울옷이 있었다. 아이들이 옷을 갈아입자 타임고가 사라졌다.

겨울옷으로 갈아입었지만 찬바람이 매섭게 불고 있었다.

"여긴 정말 춥다! 손발이 다 얼어붙는 것 같네!"

"장갑을 끼고 있어도 소용없어!"

"여기서 뭐하고 있는 거니?"

머리 위에서 목소리가 들려오자 고개를 들었다. 창에서 쉰 살쯤 되어 보이는 남자가 훈이와 지우를 내려다보고 있었다. 남자는 거의 눈만 보일 정도로 온몸을 이불로 둘둘 말고 있었기 때문에 얼굴을 알아볼 수가 없었다. 남자는 심하게 기침을 하고 있었다.

"그렇게 있으면 감기 걸린다. 스웨덴의 겨울은 지독하지."

남자는 연신 기침을 하며 말했다.

"추우니까 어서 안으로 들어와라."

아이들이 집 안으로 들어오자 남자는 침대에 누워서 머리까지 이불을 뒤집어썼다. 남자의 침대는 벽난로 옆에 바짝 붙어 있었다.

훈이는 방 안을 두리번거렸다. 천장 한구석에 무지갯빛이 아른거렸다. 그 빛이 어디서 시작되는지를 살펴보니, 창가에 있는 책상 위에 프리즘이 하나 놓여 있었다. 창에서부터 들어오는 빛이 프리즘을 통과하자 일곱 가지 색깔로 아름답게 굴절되고 있었다.

"몸이 안 좋아 보이네요?"

훈이가 말했다.

"여긴 프랑스보다 훨씬 춥구나. 작년에 감기에 걸렸는데, 아직도 낫지 않고 있구나."

남자는 연신 기침을 하면서 겨우겨우 말했다. 침대 바로 옆에 쌓여 있는 장작더미에서 장작을 몇 개 벽난로에 집어넣고는 다시 이불 속으로 몸을 쏙 숨겼다.

"크리스티나 여왕은 새벽잠이 없는 분이셔. 꼭 새벽에 공부를 하고 싶다고 하셔서 매일 찬 이슬을 맞으며 궁전으로 갔더니 감기에 걸렸구나. 게다가 서재에는 불도 잘 피워 놓지 않아서 우리 집보다 더 추운 것 같더구나. 자기가 바쁘면 몇 시간이고 기다리게 하는 일도 많아서……."

남자는 다시 심하게 기침을 했다.

"감기가 심하게 든 모양이야. 나는 새벽에 잠들어서 오후에나 일어나는데, 새벽 일찍부터 수업을 하는 건 아무래도 무리야. 여왕한테 수업 시간을 좀 바꾸자고 해야겠어."

남자는 연신 기침을 대해며 작은 목소리로 중얼거렸다.

"코기토, 에르고, 숨……."

남자가 말했다.

"내 이름은 데카르트인데, 너희는 이름이 뭐니?"

"저는 훈이라고 해요. 만나서 반가워요."

"데카르트라면 '나는 생각한다. 그러므로 존재한다'는 말을 남긴 분 아닌가요?"

"오, 내 명언을 아는 걸 보니, 너는 좀 똑똑한 아이 같구나! 나도 너만 할 때부터 철학을 시작했었지."

훈이가 말했다.

"철학이요?"

"철학이란 답하기 어려운 것에 관해 질문하는 학문이

스웨덴에서 죽음을 맞이한 데카르트

데카르트는 프랑스에서 태어났지만 1628년부터 1649년까지 네덜란드에 살면서 『방법서설』 등의 책을 활발하게 썼습니다. 『방법서설』에는 유명한 명제인 '나는 생각한다. 그러므로 존재한다'는 말이 실려 있답니다. 데카르트의 명성이 커지자 학구열이 강한 스웨덴의 크리스티나 여왕은 데카르트를 교사로 초빙했는데, 데카르트는 이에 응해 1649년 가을 스톡홀름으로 갔죠. 하지만 원래 건강이 안 좋고 추위를 많이 타던 그는, 차가운 스웨덴의 날씨 탓에 폐렴에 걸렸어요. 1650년 2월 11일, 데카르트는 세상을 떠났습니다.

지. '너 자신을 알라'는 말을 들어 보았니? 이 말은 소크라테스가 했는데, 그 사람이야말로 진짜 위대한 철학자였지."

소크라테스라면 들어 본 적이 있었다. 데카르트가 계속 말했다.

"소크라테스는 다른 무엇보다도 자신에 대해 아는 것이 가장 중요하다고 생각했지."

데카르트는 계속 말했다.

"내가 철학을 처음 시작하게 된 이유는 내가 아무것도 모른다는 사실을 깨닫게 되면서부터였단다. 세상에서 가장 현명한 사람은 자신이 아는 것이 아무것도 없다는 것을 아는 사람이란다."

지우가 말했다.

"아저씨도 수학자면서 철학자죠?"

훈이가 침대 속에서 발가락을 까닥거리며 말했다.

"왜 수학자면서 철학자인 사람이 이렇게 많을까요?"

위대한 철학자 소크라테스

소크라테스는 평생 동안 시장에서 살았어요. 그 이유는 좀 더 많은 사람과 대화를 하기 위해서였죠. 그런데 그는 연설을 하거나 강의를 하지 않고, 오히려 사람들에게 질문을 했습니다. 마치 자기가 상대방보다 어리석고, 아무것도 모르는 사람처럼 행동했던 겁니다. 소크라테스는 실제로 키도 작고 못생기기로 유명했는데, 사람들은 처음엔 그를 얕보고 그의 질문에 거만하게 대답했습니다. 하지만 대답하는 사이 자기도 모르게 자신의 대답의 허점을 깨닫게 되었다고 합니다.

"과학자이면서 철학자인 사람도 많지. 역사학자면서 철학자인 사람도 많고. 만약 철학이 없다면, 과학도 수학도 빛이 바래고 말 거다."

"철학이 대체 뭐죠?"

"생각하는 것이지."

"왜 생각해야 하죠?"

"네가 존재한다는 것을 증명할 수 있으니까."

데카르트가 생각에 잠기며 중얼거렸다.

"코기토, 에르고, 숨……."

훈이도 생각에 잠기자, 머리 위로 궁금이가 떠올랐다.

'나는 누구일까? 나는 왜 수학을 싫어했을까? 어렵고 재미없다고 생각해서 무턱대고 싫어한 것은 아닐까? 생각하면서 하다 보면 쉽고 재미있지 않을까?'

그때였다. 천장에 달라붙은 파리 하나가 눈에 들어왔다. 침실의 천장은 오밀조밀한 격자무늬로 되어 있는데, 파리 한 마리가 천장에 달라붙은 것이 눈에 거슬렸다.

"이 파리는 마치 저 같네요. '나는 누구일까'에 대해 생각했는데, 파리를 보니 마치 내 자신 같아요. 저는 지금 어디에 있는 걸까요? 출구도 입구도 없는 곳에 갇힌 신세 같아요……."

"오, 그렇게 말하니 너도 철학자 같구나."

데카르트가 천장의 면 하나를 가리켰다.

"이 파리를 너라고 치고, 네가 지금 어디에 있는지 수학적으로 증명해 보자. 이 선을 X축이라고 하자."

그리고 그 면에 수직인 다른 면을 가리켰다.

"저 선을 Y축이라고 하자."

데카르트는 계속 말했다.

"그리고 격자무늬마다 숫자를 붙이는 거다. 그러면 파리의

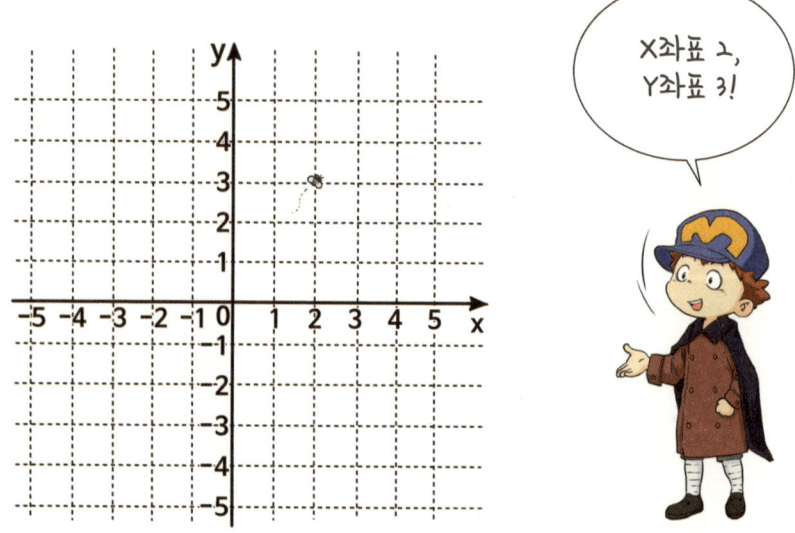

위치는 X좌표 2, Y좌표 3으로 나타낼 수 있겠구나. 이런 식으로 하면 평면 위에 놓인 물체의 위치를 숫자로 표현할 수 있어. 여기서 축 하나만 늘어난다면 3차원의 위치도 표현할 수 있겠구나."

> **XY좌표를 만든 데카르트**
> 현재 쓰고 있는 XY좌표를 만든 사람이 바로 데카르트랍니다. 데카르트가 좌표를 만들기 전에는 어떻게 위치를 표시했을까요? XY좌표가 없었을 때는 너무 불편했겠죠?

훈이가 중얼거렸다.

"지금 파리, 아니 저는 X좌표 2, Y좌표 3에 위치하고 있군요."

"네 자신이 어디에 위치해 있는지를 알았으니, 네 자신에 대해 알아가기 시작했구나."

"그런데 집에 거울은 없나요?"

"거울은 왜?"

"나 자신에 대해 좀 들여다보려고요."

"눈으로 보이는 게 틀릴 수도 있어."

훈이는 어리둥절해졌다.

"왜요? 보는 것만큼 확실한 게 어딨다고요!"

"정말로 그렇게 생각하니? 창에 스며드는 햇빛을 봐라. 무슨 색이지?"

훈이가 창을 관찰하며 말했다.

"빛에도 색이 있나요? 투명해 보이는데요."

"하지만 햇빛을 프리즘에 굴절시키면 무지갯빛으로 빛나지."

훈이는 책상 위에 올려놓은 프리즘을 통과해 천장에 아른거리는 일곱 색깔 무지갯빛을 물끄러미 올려다보았다.

데카르트가 말했다.

"우리 눈에 투명하게 보이는 빛에도 일곱 가지 색깔이 있단다. 그러니 사람의 눈에 보이는 것이 진실이 아닐 수도 있지. 우리 눈에는 멀리 있는 것은 작아 보이고 가까이 있는 것은 커 보이지? 감각기관은 제멋대로 사실을 알려 줄 뿐이다. 만약 네 눈이 보여 주는 것이 모두 거짓이고, 이 세상은 사실 전부 거짓이라면 어떻겠니? 네 몸도 실은 존재하지 않고, 이 세상은 그저 진짜 같다고 느껴지는 꿈에 불과하다면……."

"무슨 말인지 알겠어요. 그러니까 이 세계가 제가 좋아하는 애니메이션 '공각기동대'의 세계 같다는 말씀이죠?"

"애니메이션은 뭐고, 공각기동대가 뭐니?"

데카르트는 어리둥절한 표정을 지었다.

훈이는 '궁금하시면 공각기동대를 직접 보라'고 말하고 싶지만 이 시대에는 볼 수가 없겠구나 싶어서 입을 꾹 다물었다.

"별거 아니니 하시던 말씀이나 계속하시죠."

"중요한 건 우리 몸은 존재하지 않을 수도 있다는 사실이야. 지금까지 이 세상에 존

> **영화 '매트릭스'와 '공각기동대'를 데카르트가 만들었다고?**
>
> 일본 애니메이션 '공각기동대'의 영어 제목은 'Ghost in the Shell(고스트 인 더 쉘)'입니다. 우리말로는 '기계 속의 유령'이라는 뜻이죠. 그런데 이 영화는 데카르트 철학의 영향을 받아서 만들어졌어요. 데카르트는 '육체는 일종의 기계이고, 우리는 기계 속에 살고 있는 유령'이라고 생각했거든요. '공각기동대'의 이러한 세계관은 영화 '매트릭스'에 영향을 끼칩니다. '매트릭스'의 세계관 역시 데카르트의 철학에서 나왔다는 것을 생각하면 참 재미있습니다. 이처럼 철학은 수학과 과학, 영화는 물론 우리 생활 곳곳에서 숨 쉬고 있어요.

재하는 모든 과학 지식이 틀릴 수도 있다는 생각은 해 봤니? 우리는 눈에 보이는 것들이 사실이라고 믿고 있지만 실은 그게 거짓일 수도 있지."

"하지만 그렇게 생각하면 믿을 수 있는 게 아무것도 없잖아요."

"아니, 단 한 가지는 믿을 수 있다."

데카르트는 잠시 멈췄던 기침을 다시 콜록거리며 말했다.

"그건 '내가 존재한다'는 사실이란다. 왜냐하면 생각을 하고

있다는 건 내가 존재하고 있다는 걸 의미하니까."

훈이는 고개를 끄덕이며 생각했다.

'생각하는 게 정말 중요한 것 같군. 파스칼은 '인간은 생각하는 갈대'라고 말했고, 현생 인류를 나타내는 말인 '호모 사피엔스'도 '생각하는 사람'이라는 뜻을 지녔어.'

"생각해 봐라. 네가 생각을 하고 있다면, 너는 존재하고 있는 거다. 그리고 거기에서부터 생각을 시작해 봐라. 만약 전제가 틀리면 이어지는 생각도 다 틀릴 수 있어. 하지만 네가 존재하는 사실 하나만은 의심할 수 없다면, 거기에서부터 생각을 시작해 봐라. 그리고 생각한 것들이 많아지면 표로 정리해 봐라. 표를 이용하면 복잡한 것도 한눈에 알 수 있고, 한 번에 많은 정보를 알 수도 있지!"

데카르트는 다시 기침이 심해지자 이렇게 중얼거렸다.

"코기토, 에르고, 숨……."

"아까부터 자꾸 그 말을 중얼거리는데, 도대체 무슨 뜻이죠?"

"'나는 생각한다, 그러므로 존재한다'는 뜻이지. 이 사실만이 내가 믿는 유일한 것이지."

그는 말을 마치자 침대 속으로 얼굴을 파묻더니 코를 드르렁

거리며 자기 시작했다.

'나는 생각한다. 그러므로 존재한다…….'

훈이는 잠들기 전까지 이 말에 대해 생각했다.

'여태까지 생각하는 걸 싫어했던 것 같아. 생각하는 걸 싫어해서 수학을 싫어했는지도 몰라…….'

훈이는 생각을 계속하다가 어느 순간, 깜빡 잠이 들고 말았다.

수학에 대한 생각이 바뀌다

얼마나 잠들었을까?

정신을 차리니, 훈이와 지우는 서점에 서 있었다. 두 아이는 타임고의 머리를 쳐다보았다. '2022년 5월 1일'이 표시되어 있었다.

'아, 드디어 집에 갈 수 있겠구나!'

타임고가 말했다.

"난 임무를 마쳤으니, 이만 돌아갈게!"

회오리가 휘도는 구멍이 점점 커졌고, 타임고가 그 속에 뛰어들었다. 이윽고 타임고가 사라지자 훈이는 주위를 둘러보았다. 창문을 통해 따뜻한 햇살이 쏟아지고 있었다. 훈이는 서점에 있는 책들을 바라보았다. '세상을 바꾼 수학자'라는 책이 눈에 띄었다. 훈이는 그 책을 집어 들었다. 꽃봉오리가 활짝 벌어지는 것처럼 훈이의 얼굴에 미소가 피어올랐다.

며칠 후, 수학 시간이 되었다. 훈이는 선생님과 친구들에게 발표하기 시작했다.

"저는 '세상을 바꾼 수학자'라는 책을 읽었습니다. 이 책은 여러 수학자를 소개한 책인데요. 이 책을 읽고 수학에 대한 제 생각이 바뀌게 되었답니다."

선생님이 말씀하셨다.

"수학에 대한 생각이 어떻게 바뀌었는데?"

"저는 수학의 수 자만 들어도 수틀리는데, 선생님께서 수학의 역사에 남은 수학자들에 대해 발표하라고 하시니, 골치가 아팠죠. 하지만 수학자들과 만나게 되면서……."

그러자 한 아이가 고개를 갸우뚱거리며 말했다.

"수학자들을 만났다고? 네가 무슨 수로 그 사람들을 만났니? 그 사람들 중에는 이미 세상을 떠난 사람도 있을 텐데……."

훈이가 다시 말했다.

"책을 통해 수학자들과 만나게 되면서, 수학에 대한 생각이 바뀌게 되었어요. 가우스는 선생님께서 '1부터 100까지의 합을 구하라'고 하시자, 1분도 안 돼서 그 문제를 풀었어요."

이 말을 들은 한 아이가 말했다.

"1부터 100까지의 합을 1분도 안 돼서 풀었다고? 말도 안 돼!"

다른 아이가 말했다.

"가우스는 머리가 정말 좋나 봐! 우리 엄마는 '머리가 좋아야 수학을 잘한다'고 하셨는데, 난 머리가 나빠서 수학을 못해……."

그러자 선생님이 말씀하셨다.

"자, 훈이 발표를 마저 듣도록 하자구나."

"머리가 좋고 나쁘고는 상관없어요. 조금만 생각하면 방법을 찾을 수 있죠. 저는 수학이라면 무턱대고 싫어해서 문제를 해결할 방법을 생각하지 않았는데요. 무턱대고 싫어하면 마냥 어렵게만 느껴진답니다. 가우스를 만나서, 아니 책을 통해 가우스와 만나게 되면서 어려워 보이는 문제도 방법만 알면 그리 어렵지 않게 풀 수 있다는 걸 깨달았어요. 가우스는 수학적 귀납법을 이용해 1부터 100까지의 합을 구하는 방법을 알아냈어요. 1과 100을 더하면 101이 되고, 2와 99를 더하면 101이 된다면, 그 다음에도 계속 101이 될 거라고 추론할 수 있죠. 1부터 100까지의 덧셈식을 쓰면 $1+2+3+\cdots+98+99+100$이 되는데, 이때 $1+100=101$, $2+99=101$, $3+98=101\cdots$ 등 101이 50개가 되므로, $101\times 50=5,050$이라는 곱셈식을 이용해 정답을 맞혔죠. 어려워 보이는 문제도 문제를 해결할 방법을 생각하면 쉬운 방법을 찾을 수 있죠. 다음으로 파스칼을 만나게 되었는데요······."

훈이는 파스칼과 데카르트를 만나 깨닫게 된 점을 이야기하면서 발표를 마쳤다. 발표를 마치자 박수갈채가 쏟아졌고, 선생님이 말씀하셨다.

"며칠 만에 이렇게 달라지다니! 정말 훌륭한 발표였다!"

훈이는 어깨를 으쓱하며 생각에 잠겼다.

'칭찬을 받으니 기분이 좋은걸! 시간여행을 또다시 하고 싶군. 이번엔 누굴 만나 볼까? 아르키메데스? 디오판토스?'

가우스와 파스칼 등 수학나라 사람들이 흐뭇한 표정을 지으며 이 모습을 지켜보고 있었다.

훈이와 모험을 함께한 철학자들

이 책에 등장한 사람들을 시간 순서대로 정리하면 다음과 같답니다.

"만물의 근원을 생각하라!"	"나는 생각한다. 그러므로 존재한다!"	"인간은 생각하는 갈대다!"	"수학은 모든 과학의 여왕이며, 수 이론은 수학의 여왕이다."
철학의 아버지, 탈레스	근대 철학의 아버지, 데카르트	실존주의 철학의 아버지, 파스칼	근대 수학의 아버지, 가우스

내가 만난 사람들은 철학자이자 수학자구나!

수학을 잘하려면 생각을 잘해야 하는데, 철학을 잘해야 생각을 잘할 수 있지!

부록

탐구노트 쓰기

탐구노트를 잘 쓰는 법!

　많은 학교와 학원에서 탐구노트의 중요성에 대해 말합니다. 그러나 탐구노트는 반드시 오답노트와 정리노트와는 달라야 합니다. 소크라테스와의 대화를 통해 자신의 오류를 깨닫고 새로운 질문을 만들어내서 생각과 지식의 폭을 넓히듯이, 우리도 책을 통해 알게 된 지식들을 선생님과의 대화를 통해 수정하고 자신만의 지식을 확장할 수 있는 문제를 만들어 탐구하는 장, 그것이 바로 수학탐구노트입니다.

　탐구노트는 책을 읽고 스스로 탐구주제를 정하고 탐구하기 위해 쓰는 것인데, 탐구노트를 어느 정도 잘 쓰기 위해서는 2년 정도 주제탐구를 하는 연습이 필요합니다. 여러분이 책을 읽고 자신의 생각을 글로 표현하기 위해서는, 특히 그것이 논리적 글쓰기라면 더욱더 연습이 필요합니다.

　탐구노트를 잘 쓰기 위해서는 주제에 맞는 탐구노트를 쓰는 것이 중요합니다. 어린이 여러분은 글을 쓸 때, 자신의 생각을 적는 것을 좋아해서 "이럴 것 같다"라는 말로 마무리 짓는 경향이 있습니다.

그러나 탐구노트는 탐구주제에 대한 자신의 생각을 자료조사, 검증, 증명 등의 수단을 통해 결과를 정리하는 것이 더 중요합니다. 어린이들의 호기심은 무한하지만, 그 호기심이 단순히 '이럴 것 같다', '왜 그렇지?'라는 생각으로만 끝난다면 의미가 없기 때문입니다. 그리고 이런 과정은 혼자서 여러 번 쓰는 것보다 잘 쓰여진 친구들의 탐구노트를 읽어보거나 선생님의 피드백을 통해 성장하는 과정이 필요합니다.

버려야 할 생각

① 탐구노트에 그날 배운 수학 내용이나 수학동화를 읽고 느낀 점, 기억하는 내용을 정리해야 한다는 생각은 버립니다.
② 꼭 답을 내야 한다는 생각은 버립니다.
③ 꼭 푼 문제의 답을 맞혀야 한다는 생각은 버립니다.
④ 보통의 탐구노트처럼 한두 쪽만 써야 한다는 생각은 버립니다.

가져야 할 생각

① 오늘 배운 내용이 반드시 그렇지 않다면, 다른 방법은 없을

까?

② 오늘 배운 내용이 이렇다면, 그 다음에 이것보다 한 차원 높은 단계는 뭘까?

③ 책에서 이런 글의 내용을 읽었는데, 왜 그렇게 되지?

④ 오늘 배운 내용에 의하면 이런데, 이것을 다른 문제를 풀 때도 적용할 수 있을까?

⑤ 이런 수학적 원리와 개념은 우리 일상생활에서 뭐가 있지?

탐구노트에 쓰지 말아야 하는 용어

① 다음에 꼭 알아봐야겠다. → 오늘 알아봅시다.

② 이러이러한 것들이 궁금하다.

→ 그런 궁금한 것들을 연구하는 것이 탐구노트입니다.

③ 어려웠다, 쉬웠다, 힘들었다, 보람되었다 등의 감정을 담은 내용

→ "이것으로 오늘 탐구를 마무리한다"로 끝을 맺어 봅시다.

④ 선생님께 여쭤봐야겠다.

→ 스스로 찾아보고 정리한 후 선생님께 확인을 부탁드리면 어떨까요? 세상을 바꾼 수학자들은 항상 스스로 탐구하기를 좋아했습니다.

 **탐구주제**

이제까지 읽은 이야기가 재미있었나요? 훈이의 모험 속에는 수학적인 이야깃거리가 많이 숨어 있답니다. 다음의 질문들을 곰곰이 생각해 보며 탐구노트를 써 보세요.

1. 나눗셈은 꼭 필요할까요?

2. 우리가 살아가는 데 나눗셈이 필요한 예를 찾아보세요. 나눗셈은 생활 속에서 항상 쓸모가 있을까요?

3. 수학에서 사용되는 기호는 어떤 것들이 있나요? 그리고 수학에서 기호를 사용하면 어떤 점이 좋을까요?

4. 우주인 빰바야의 일기를 잠깐 읽어 볼까요?

2066년 7월 22일, 하늘은 무지 맑았다. 지구 상공에서 바라본 지구의 모습은 아름다웠다. 지구에는 여러 가지 색깔의 옷을 입은 두 개의 기둥을 가진 존재가 많이 있었다. 두 개의 기둥을 가진 존재는 네 개의 둥근 기둥을 가진 존재의 먹이처럼 보였다. 밤이 되면 돌탑으로 들어가는 두 개의 기둥을 가진 존재들, 아침이 되면 돌탑 운동장에서 밤을 새우던 네 개의 둥근 기둥을 가진 존재는 두 개의 기둥을 가진 존재를 한 입에 먹고 그들만이 달릴 수 있는 길을 따라 어디론가 떠난다.

'두 개의 기둥을 가진 존재'와 '네 개의 둥근 기둥을 가진 존재'는 무엇일까요? 힌트는 'ㅅㄹ', 'ㅈㄷㅊ'입니다.

답: 사람, 자동차

탐구주제 **나눗셈은 꼭 필요할까요?**
글쓴이 **군산 지곡초등학교 4학년 김경림**

지난 수업 시간에 나눗셈에 대해 대화와 토론을 했다. 나눗셈은 사칙연산 중에서 가장 어려운 것 같다. 하지만 수학 공부를 할 때나 생활할 때 꼭 필요한 셈하는 방법 같다. 그래서일까? 원시인들도 공동생활을 할 때 나눗셈의 개념을 가지고 자기들이 잡은 사냥감을 나눴다고 한다.

그런데 진짜 나눗셈이 필요할까? 나는 나눗셈이 꼭 필요하다고 생각한다. 우선 사람들이 무엇을 나눌 때 필요하다. 예를 들어 내 생일날 세 명의 친구와 내가 피자를 나누어 먹는데 피자가 여섯 조각이었다. 그래서 나는 세 조각을 먹고, 친구들은 한 조각을 먹었다. 피자를 다 먹고 난 후에 싸움이 일어났다. 생일 파티 날에 싸움이 일어나면 얼마나 슬프겠는가? 싸우는 것보다는 나눗셈을 사용하여 피자를 공정하게 분배하는 것이 더 좋다고 생각한다. 또 나눗셈은 어려운 상황에서 살아남기 위해서도 필요하다. 탄

광에서 석탄을 캐는 사람 세 명이 있다고 하자. 그런데 갑자기 탄광이 무너져서 굴이 막혀 버렸다. 그 사람들은 도시락을 싸 왔는데 한 사람은 아무런 계획도 없이 도시락을 다 먹고 배고픔에 허덕이다 죽었다. 하지만 다른 두 사람은 침착하게 도시락을 조금씩 나눠 먹으며 구조되기를 기다렸다.

"음, 구조대원이 여기까지 오려면 20일 정도 걸릴 거야. 그러니 도시락을 나눠 먹으면서 구조를 기다리자."

희망을 가지고 구조를 기다리던 두 사람은 결국 살아남게 되었다. 이렇듯 나눗셈은 일상생활에서 무척 필요하다고 생각한다.

선생님의 한마디

멋진 글이었다. 그런데 도입 부분에서 수학 공부를 할 때도 나눗셈이 필요하다고 했는데 구체적인 예를 들었으면 더욱 좋았을 것 같구나. 그리고 나눗셈이 생활에서 필요하다는 주장을 하기 위해 피자를 먹을 때 싸웠던 경험을 예로 들었는데, 어떻게 나눠야 싸움을 피할 수 있을까에 대해서도 설명했으면 주장이 더 타당했을 것 같구나.

그렇다면 경림이와 세 명의 친구들이 피자를 똑같이 나누려면 어떻게 해야 할까? 보통 피자는 여덟 조각으로 나누어져 있지? 원의 중심각은 360°이니까 여덟 명이 똑같이 먹으려면 360°÷8=45°가 되지. 그러니까 한 사람당 45°씩만 먹어야 하지. 그런데 경림이와 친구들이 모두 네 명이니까 360°를 총 인원수인 4로 나누면 한 사람당 90°씩 먹으면 싸움을 피할 수 있지 않을까?

이렇게 나눗셈을 이용하면 문제를 해결할 수 있지만 서로를 배려하면서 피자를 먹으면 어떨까? 그리고 탄광 이야기를 했는데, 나눗셈의 개념을 왜 알아야 하는지에 대해 꽤 설득력 있게 이야기한 것 같구나.

이제까지 읽은 이야기가 재미있었나요? 훈이의 모험 속에는 수학적인 이야깃거리가 많이 숨어 있답니다. 다음의 질문들을 곰곰이 생각해 보며 탐구노트를 써 보세요.

1. 세 개의 동전을 한꺼번에 던질 때, 나올 수 있는 모든 경우의 수는 몇 개일까요?

2. 금고의 비밀번호를 어떻게 하면 체계적으로 풀 수 있을까요?

3. 생활 속에서 체계적인 방법은 꼭 필요할까요?

4. 어떤 사람에게 네 명의 자녀가 있습니다. 다음 중 확률이 높은 것은 몇 번일까요?

① 네 명 모두 같은 성별일 경우

② 두 명이 남자일 경우와 두 명이 여자일 경우

③ 한쪽 성별이 세 명이고 다른 쪽 성별이 한 명일 경우

"내 생각에는 2번으로 태어날 확률이 가장 높을 것 같아. 어차피 확률은 반반이잖아?"

"추측하는 것보다 경우의 수를 모두 써 보는 것이 가장 확실해."

"아, 그렇구나!"

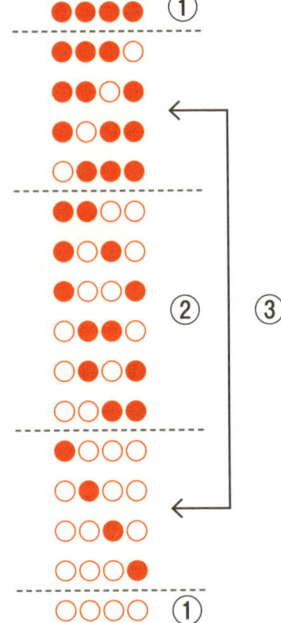

 **탐구노트 예시**

탐구주제 **체계적인 방법은 생활 속에서 꼭 필요할까요?**
글쓴이 **안산 상록초등학교 6학년 김태연**

체계적인 방법이란 무엇인가를 쉽고 빠르고 정확하게 답을 구하고, 논리적으로 설명하는 방법이다. 그렇다면 체계적인 방법은 생활 속에서 쓸모가 있을까? 나는 체계적인 방법이 꼭 필요하다고 생각한다. 특히 체계적인 방법 중 그림을 사용하는 경우도 있는데, 더욱 쉽게 설명을 하자면 '가지'를 연결한 것이다. 예를 들어 혈액형에 대한 것이다. 한 아이의 어머니의 혈액형이 AO형이고 아버지의 혈액형이 BO형이라고 하면 다음과 같은 그림을 그릴 수 있다.

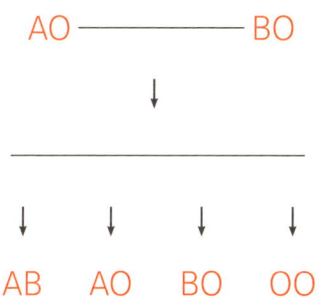

AO와 BO 부모 사이에서 태어난 아이는 AB, AO, BO, OO 중 한 가지의 혈액형을 가질 수 있다. 이렇듯 체계적인 방법을 사용하면 더욱 빠르고 정확하게 아이가 가질 수 있는 혈액형을 모두 찾을 수 있다.

> **친자 확인 유전자 검사**
> 사람의 몸을 구성하는 세포는 엄마, 아빠로부터 각각 23개의 염색체를 물려받아 총 46개의 염색체를 가지게 됩니다. 친자확인 유전자 검사는 엄마, 아빠의 유전자 모양과 자식의 유전자 모양이 서로 똑같은 가능성을 확률로 나타낸 것이지요. 그렇게 해서 친자인지 아닌지를 판단하는 거죠.

체계적인 방법 중의 하나가 순서도이다. 순서도는 어떤 일을 '예' 또는 '아니오', 즉 두 가지의 경우만 생각해 그 일을 해결하는 것으로 이진법을 사용한 것이다. 이 밖에도 제품 설명서도 체계적인 설명을 해야 상품 구매자가 잘 알 수 있고, 도서관이나 서점에서 책을 정리할 때 또는 어떤 문제의 암호를 풀 때도 체계적인 방법이 사용된다. 특히, 우리가 여러 가지 계획표를 만들 때도 체계적인 방법을 사용하는 것이 효율적이다.

이처럼 우리 생활 속에는 체계적인 방법이 많이 사용된다. 그렇기 때문에 체계적인 방법을 사용할 필요가 있다고 생각한다.

선생님의 한마디 우리 집에는 별이와 달이라고 하는 강아지 두 마리가 있단다. 그런데 내가 몇 년 전에 강아지 집을 지어 주려는데 송판 값이 너무 비싸서 쓰레기장에서 그럭저럭 쓸 만한 송판을 주워 왔단다. 나는 나름대로 열심히 만들었는데, 강아지 집은 장대비에 곧 망가지고 말았단다. 왜냐하면 바쁘다는 핑계로 마구잡이로 강아지 집을 지었기 때문이지. 그러자 내 아내가 좀 더 체계적인 방법으로 강아지 집을 짓기 시작하더구나. 송판의 굵기와 벽의 길이를 고려해 제대로 된 송판을 사 온 후 여덟 팔(八) 자 형태의 가벼운 지붕을 씌워서 꼼꼼하게 못질을 했단다. 그런 꼼꼼함 덕분에 그때 지은 강아지 집은 아직까지도 튼튼하게 마당을 지키고 있지.

종종 부실 공사 때문에 건물이나 다리가 무너지는 사태를 종종 볼 수 있지? 설계자나 집을 짓는 사람들이 처음부터 좀 더 체계적인 방법으로 건축 공사를 했다면 그런 끔찍한 일은 벌어지지 않았을 것이다.

체계적인 방법이란 이렇게 순서를 생각하면서, 효과적으로 문제를 해결하는 것을 말한단다. 체계적인 방법은 수학 문제를 풀 때뿐만 아니라 사람들의 일상생활에서도 꼭 필요한 것이란다. 그런 면에서 수학과 철학은 밀접한 관계가 있단다. 옛날에 철학자라고 불리던 사람들이 바로 수학자였기 때문이지.

언제 아르키메데스나 탈레스, 파스칼, 데카르트, 라이프니츠, 가우스 등 위인전을 읽어 보거라. 그리고 그들이 수학적인 원리들을 찾아낼 때 사용했던 체계적인 방법에 대해 생각해 보길 바란다.

 **탐구주제**

이제까지 읽은 이야기가 재미있었나요? 훈이의 모험 속에는 수학적인 이야깃거리가 많이 숨어 있답니다. 다음의 질문들을 곰곰이 생각해 보며 탐구노트를 써 보세요.

1. 길이의 단위에는 어떤 것이 있을까요? 그리고 국제적으로 사용하는 길이의 단위와 우리나라에서만 사용하는 길이의 단위로는 어떤 것이 있을까요?

2. 길이의 단위를 마음대로 정해도 될까요?

3. 길이를 재는 이유는 무엇일까요?

4. 길이를 단위가 들어 있는 속담으로는 어떤 것이 있을까요?

5. 우주인 빵바야의 일기를 잠깐 읽어 볼까요?

2060년 7월 23일, 지구의 하늘에는 구름이 많았다. 두 개의 기둥을 가진 존재를 먹은 네 개의 둥근 기둥을 가진 존재가 자신들만의 길을 달리다가 큰 운동장에 섰다. 빨간색 옷을 입은 두 개의 기둥을 가진 존재가 네 개의 기둥을 가진 존재의 허리에 굵은 고무 호수 주사기를 들이댔다.

일기 속의 일은 어디에서 일어난 일일까요? 정답의 첫 자음은 'ㅈㅇㅅ'입니다.

주유소 [답]

 **탐구노트 예시**

탐구주제: **길이의 단위를 마음대로 정해도 될까요?**
글쓴이: **안산 양지초등학교 5학년 지나현**

옛날 이집트에서는 파라오의 가운뎃손가락에서 팔꿈치까지의 길이를 말하는 큐빗이란 단위를 사용했는데, 그것이 최초의 길이 단위였다. 하지만 파라오의 팔 길이가 모두 달라 그것은 얼마 가지 않아서 없어지고 말았을 것이다. 결국 길이의 단위는 시행착오 끝에 우리가 현재 사용하고 있는 mm, cm, m, km 등의 단위가 생겨났다. 그렇다면, 길이의 단위를 내 마음대로 정해도 될까? 나는 길이의 단위를 마음대로 정하면 안 된다고 생각한다. 첫째, 사람들에게 한 번도 인식되지 못한 길이의 단위를 갑자기 쓰라고 하면, 사람들에게 강한 거부감을 줄 뿐만 아니라 헷갈리기 쉽다. 예를 들어 아홉 살짜리 아이가 한창 mm, cm, m, km를 배우고 있는데, 갑자기 새로운 단위를 쓰라고 하면 혼란을 겪을 수 있다.

둘째, 세계 여러 나라에서 모두 사용하는 단위를 우리나라에서

만 달리 쓴다면, 우리나라는 세계대회(올림픽 경기 등)에서 손해를 볼 수 있고, 세계도량형협회에서도 우리나라만 쓰는 단위를 인정해 주지 않을 것이다. 결국, 온 세계에서 우리나라는 바보 나라라고 인식할 수도 있다.

그리고 마지막으로 학교에서 길이의 단위를 매년 바꿔 학생들에게 가르쳐 준다면 길이의 단위를 학생들이 무척 헷갈려 할 것이다. 그리고 시험을 볼 때, 내가 길이의 단위를 만들어서(예를 들어 1f(플라워)=50cm) 친구들에게 내가 만든 길이의 단위를 기준으로 해서 답을 쓰라고 강요한다면, 친구들이 나를 어떻게 생각할까? 그러므로 길이의 단위를 내 마음대로 정하면 안 된다고 생각한다.

선생님의 한마디

길이의 단위를 마음대로 써도 되는지에 대해 글을 썼구나. 나현이는 길이의 단위를 마음대로 쓰면 안 된다고 주장했구나. 우선 도입 부분에서 길이의 단위에 대해 설명한 것은 좋았다. 하지만 "길이의 단위를 마음대로 정해도 될까?"란 문제 제기를 왜 하게 되었는지에 관하여 썼다면 논리의 전개도 맞고, 글을 읽기가 좀 수월했을 것 같구나.

그리고 길이의 단위를 마음대로 쓸 경우, 사람들이 겪을 일에 대해 '강한 거부감, 손해를 봄, 헷갈림'이란 논거 정리 키워드를 찾은 것 같은데, 첫 번째 논거에서 '강한 거부감'과 '헷갈림'을 함께 이야기한 것 같아서 세 번째 논거의 비중이 떨어지는 것 같구나. 그리고 두 번째 논거(손해를 봄)에 대한 구체적인 예증 거리를 찾아보는 것도 좋을 것 같구나. 예를 들어 독일에서 월드컵 축구 경기가 열린다고 치자. 축구 경기장도 세계 표준인 길이의 단위를 사용한다. 그런데 독일축구협회에서 길이의 단위를 h(히틀러, 1h=25mm)로 사용하겠다고 계속 주장한다면 다른 나라의 비난을 받을 수 있으며, 결국 독일의 국가 이미지가 크게 실추될 것이다.

 **탐구주제**

이제까지 읽은 이야기가 재미있었나요? 훈이의 모험 속에는 수학적인 이야깃거리가 많이 숨어 있답니다. 다음의 질문들을 곰곰이 생각해 보며 탐구노트를 써 보세요.

1. 대칭에는 무엇이 있을까요? 대칭인 것은 아름다울까요?

2. 대칭 관계를 따지는 것은 생활 속에서 중요할까요? 그 예를 우리 주변에서 찾아보세요.

3. 대칭 관계가 아닌 것들은 어떤 것들이 있을까요?

4. 다음은 18세기에 영국에서 유행하던 노래입니다. 이브의 거리를 거닐고 있는 사람은 몇이나 될까요?

이브의 거리를 거닐고 있었을 때 나는 만났다네.

일곱 명의 아이와 함께 사는 사람을.

아이들마다 일곱 개의 가방을 들었고,

가방마다 일곱 마리의 고양이가 들어 있고,

고양이마다 일곱 개의 방울이 달려 있네.

하지 않습니다.
답해 있습니다. '나머지는 곳은 어디 하는지 합당의 나와
다] 이쯤이 거리를 돌고 하는 게 합당한 사람들. 나 를 나

탐구주제: **대칭에는 무엇이 있을까요?**
대칭인 것은 아름다울까요?
글쓴이: **서울 강남초등학교 6학년 최지원**

대칭에는 점대칭과 선대칭, 면대칭이 있다. 선대칭 도형이란 대칭축을 중심으로 같은 거리에 있는 점들의 집합이다. 점대칭이란 대칭점을 중심으로 180도 회전시켰을 때 같은 거리에 있는 점들의 집합이다. 평면인 경우에는 면대칭이다. 그렇다면 대칭 관계에 있는 것들은 아름다울까?

대칭은 아름답다. 세계적인 예술 작품도 대칭으로 이루어져 있다. 영국의 국회의사당, 프랑스의 에펠탑, 인도의 타지마할, 캄보디아의 앙코르와트, 중국의 자금성, 미국의 엠파이어 스테이트 빌딩도 대칭이다. 그리고 대칭은 아름다울 뿐만 아니라 안정감을 준다. 그것은 아마도 인간이나 동물이 대칭적 구조를 가지고 있기 때문이 아닐까?

하지만 대칭 관계가 아닌 것도 아름다울 수 있다. 서울 예술의 전당 근처에 있는 아쿠아 아트 브릿지나 마포구청도 비대칭이다. 세계적인 건축가 가우스의 건축물 중에도 비대칭이 더 많다. 피카소도 비대칭적인 것을 그렸다. 우리나라의 산수화에 등장하는 돌, 구름, 산, 나무 같은 자연물들도 비대칭이지만 아름다운 우리 그림이다.

선생님의 한마디

인간과 동물이 대칭적인 구조를 가지고 있기 때문에 대칭적인 것을 보면 아름답다고 생각한다는 생각이 멋지구나. 또, 대칭적이지 않은 것도 아름답다는 생각도 했구나. 인간은 대칭적인 구조를 가지고 태어났기 때문에 대칭적인 것을 보면 아름답다고 여길 수 있지. 또 대칭적인 것을 보면 안정감도 느낀단다. 돌, 구름, 산, 나무 같은 자연물은 비대칭이지만 인간이 아름답다고 느낄 수 있다는 생각이 멋지구나. 몇 년 전 내 제자의 글이 생각난단다. "제가 갓난아기 때 엄마는 저를 구하려다 얼굴에 큰 상처를 얻었어요. 엄마의 비대칭 얼굴을 보면 가슴이 아파요. 하지만 저는 엄마의 비대칭 얼굴을 보고 아름답지 않다고 생각할 수 있을까요?" 아름답다는 것은 객관적이기보다는 주관적인 요소로 판단하는 경우가 많단다.

 **탐구주제**

이제까지 읽은 이야기가 재미있었나요? 훈이의 모험 속에는 수학적인 이야깃거리가 많이 숨어 있답니다. 다음의 질문들을 곰곰이 생각해 보며 탐구노트를 써 보세요.

1. 표란 무엇일까요? 그리고 우리의 생활 속에서 표가 이용되는 경우는 언제일까요?

2. 표로 나타내는 것과 문장으로 표현하는 것은 어떤 차이가 있을까요?

3. 데카르트는 좌표를 어디에서 발견했을까요?

4. 다음의 힌트를 참조해서 1부터 11까지의 숫자를 사용해 인간의 얼굴을 그림으로 그려 보세요.

0은 눈동자, 1은 이마, 2는 코, 3은 귀, 4는 턱, 5는 입, 6은 담배 파이프, 7은 뒤통수, 8은 모자 챙, 9는 모자, 10은 눈썹과 눈, 11은 연기

탐구주제: 우리의 생활 속에서 표가 이용되는 경우는 언제일까요?

글쓴이: 서울 서래초등학교 3학년 문예진

학교 시간표처럼 가로에 요일, 세로에 시간이 표시되고 요일과 시간이 만나는 자리에 과목 이름을 적어 놓은 것이 표다. 나는 철학 시간에 학교 급식표를 자세히 살폈다. 그리고 표를 만드는 일이 왜 중요한지에 대해 생각해 봤다. 급식표는 세로가 요일이고 가로는 메뉴이다.

급식표를 보면 요일마다 무엇을 먹을지 알 수 있다. 또 우리 반 아이들이 좋아하는 것을 표로 만들었는데 가로는 이름, 세로는 좋아하는 것이다. 표를 만들면 우리 반 아이들이 각각 좋아하는 것을 한눈에 알 수 있다. 따로 묻지 않아도 된다. 한 번에 많은 정보를 알 수 있다.

너무 재미있어서 성적표도 만들어 봤는데 가로는 이름, 세로는 0~100점이다. 국어는 정현이 100점, 나도 100점, 황예진 90

점, 고준석 50점이다. 이런 식으로 수학, 영어, 국어, 과학, 사회 성적도 표로 나타내면 한눈에 알아볼 수 있다.

급식표

월	화	수	목	금
잡곡밥 어묵탕 샐러드 두부조림	쌀밥 무국 돈가스 김치	보리밥 시금치 콩나물 된장국 김치	카레 과일 김치	오므라이스 과일 김치

성적표

	국어	수학	영어	과학	사회
김정현	100	100	95	100	95
문예진	100	90	100	90	100
황예진	90	80	90	85	100
고준석	50	40	80	60	70

이처럼 표를 이용하면 어려운 수학 문제도 쉽게 풀 수 있다. 예를

들어 김정현, 황예진, 문예진, 고준석이 네 가지 옷을 다르게 입고 있다고 가정하자. 김정현은 빨간색 옷을 입고 있다. 황예진은 초록색 옷을 입고 있지 않다. 문예진은 초록색과 금색 옷을 입고 있지 않다. 이러한 문제를 풀 경우에는 표를 이용하면 헷갈리지 않게 문제를 풀 수 있다. 그러므로 나는 표가 무척 중요하다고 생각한다.

선생님의 한마디 예진이는 표가 왜 필요한지에 대해 구체적인 사례를 들어 자세히 설명하면서 멋진 글을 썼구나. 그리고 표를 만들면 한눈에 알 수 있고, 한 번에 많은 정보를 알 수 있다는 예진이의 정리된 생각은 정말 훌륭했다.

예진이가 예로 든 표 말고 우리 일상에서도 표를 많이 찾아볼 수 있단다. 보통 학교에서도 출석부, 일정표, 수업 계획서, 상담 기록부, 학생 성적 변화에 대한 표를 많이 사용하고 있단다. 또한 수학에서는 복잡한 문제를 풀 경우 표를 이용하면 쉽게 풀리는 경우가 많이 있는데, 예진이가 두 번째 예를 들어 설명한 것은 완벽했다.